KB265128

읽다 보면 / 절로되는

리듬 영단어

리듬 **영단어**

초판 인쇄 | 2009년 1월 6일
초판 발행 | 2009년 1월 10일

지은이 | 한봉기
펴낸이 | 임종대
펴낸곳 | 미래문화사
출판등록 | 1976년 10월 19일   제3-44호
전자우편 | mirae715@hanmail.net
전화번호 | 02-715-4507, 02-713-6647
팩스 | 02-713-4805

· 이책의 저작권은 도서출판 미래문화사에 있습니다.
· 이책의 그림이나 글의 무단복제를 금합니다.
· 지은이와의 협의하에 인지는 생략합니다.
· 잘못 만들어진 책은 바꾸어 드립니다.

Copyright ⓒ 2001 미래문화사
ISBN 978-89-7299-362-X   03740

Rhythm Vocabulary

"읽다 보면" 절로 되는

리듬

영단어

3번만 읽어라!

한봉기 지음

미래문화사

1. 시간은 바쁘고 진도는 안 나가고…

영단어 때문에 기억력이 좋으니 어쩌니, 자신의 머리가 시험당한 듯하여 자존심 상한 학생들을 위해 이 책을 쓴다.

기를 쓰고 외웠는데 어느새 기억의 저편으로 훌쩍 사라지는 얄미운 [영단어! 그것을 확실한 내편으로 만드는 방법은 지극히 간단하다!

▶ 신출귀몰한 변장술을 이해하라!

act

(1) **act**	(2) action	(3) active
(4) actor	(5) actual	(6) actually
(7) actuate	(8) actress	(9) counteract
(10) counteraction	(11) exact	(12) exactly
(13) exaction	(14) react	(15) reaction
(16) interact	(17) interaction	(18) transact
(19) transaction		

▶ 위의 단어를 보면 어근 [act]를 중심으로

   접두어 :　(6) counter-　　(8) re-　　(10) ex-
　　　　　　　　　(11) inter-　　　(12) trans-

   접미어 :　(2) -ion　　　(3) -ive　　　(4) -or
　　　　　　　　(5) -ress 로 연결되면서 여러 개의 단어로 변신 했음을 알 수 있다.

이것이 영단어의 정체이다.

결국은,

   어근(act) 하나에 접사(접두어 : 5개, 접미어 : 5개)가 오면서 20여 개의 단어가 형성된 것이다.

   이것을 무작정 외우려 달려든다면 그건 억지이며, 무리다.

▶ 그래서 무작정 암기하는 것이 아니라 단어의 구조를 이해해서, 한 줄로 꿰어차면 된다.

   단어는 하나의 가족군을 이루고 있기 때문에 어근과 접사(접두, 접미어)만 잘 이해하면 단어 속에서 뜻을 찾아낼 수 있기 때문이다.

2. 단어의 구조를 알면 단어가 보인다

예) : **tele**vision

접두어	어근	접미어
tele	vis	ion
멀리	보다	~것,~함

: 멀리tele-까지 / 보는vis 것-ion

☞ 이 세상 어디든지 / 멀리까지 보는
(보이게 만든) 것

♬ 텔레비전 television

tele	phone
멀리	소리

: 멀리tele-까지 / (가는)소리phone

☞ 이 세상 어디든지 / 멀리까지 가는 소리

♬ 당연히 전화 telephone 이지!

"접두어" 란 / 단어의 / 첫머리에 오는 글자,

"어근" 이란 / 단어의 / 뿌리 되는 글자이며,

"접미어" 란 / 단어의 / 꼬리에 붙는 글자이다.

3. 이 책은

(1) 큰 소리로 읽되

① 걸음을 걷듯, 박자를 맞추고

② 무릎이나 책상, 어딘가를 툭툭치며 장단을 맞추듯하라!

그리하면 재미있게 더욱 빠른 학습효과를 맛볼 것이다.

이 책의 생명은 여기에 있다.

(2) [발음]을 [우리 글]로 쓴 것에 너무 시비하지 말기를 바란다.

이는 정확한 발음보다는 먼저 뜻을 이해, 파악해서 단어를

단번에 소화케 하기 위함이다.

즉, 발음 때문에 일일이 사전을 찾는 번거로움으로 읽기를

그만둘까 걱정해서이다. 원어민의 발음을 위해서는 인터넷

사이트를 이용하면 좋을 것이다.

(3) 특히 당부하고 싶은 것은,

① 굳이 첫 페이지부터 읽으려 할 것 없이

② 쉬운 것부터 읽되

③ 손뼉 치듯, 박자 맞춰 소리 내어 읽고

④ 반드시 "생각하며 발성하기" 에서 확인하기 바란다!

(4) 그리고 여기에 나오는

　　[접두어 - 어근 - 접미어]를 자기의 사전에 표기하도록 하자.

　　그리하면 이 책을 공부하는 동안 어느새 아주 근사한 한권의

　　[어원사전]이 되어 좋은 조력자로 그대 앞에 나타나게 될 것

　　이다.

4. 이 책은

▶ 중, 고 6년 동안 다룬다고 하는 대략 1만 단어 정도(중 : 2500단

　어 / 고 : 7500단어)를, 어근 120개와 접사 150개로써 해결할 수

　있도록 4권의 소책자로 나누어 연습함으로서 〈영단어 자신만

　만!〉하도록 목표하였다.

5. 그리하여

① 단어에 어느 정도 탄력이 붙을 [제 2권]에서는

② [숙어 해결 요령] 겸 [단어 확보]를 위한 간단한 문장도 포함

　하려 한다.

③ [3번씩만 읽으면!] 거뜬히 해결될 것으로 믿으며

　부디 〈영단어 정복〉의 쾌거를 맛보시라!!

2008년 10월

한봉기

목차

영단어 발성 요령

1. 기초 발성 - **소리내기**

  1) 목소리 [애]와 뱃소리[애], 구별하기

  ▶ **목소리** 내기 : [아이들] - 의 [아-]소리

  　　　　　　　　　　　[아가씨] - 의 [아-]소리

  ▶ **뱃소리** 내기 : [아무나 오시외]-의 [아-]소리

  　　　　　　　　　　　[아시는 바와 같이]- 의 [아-]소리

  2) **끊어 읽기**

  ▶ [게임game]은 / 〈놀이〉이고

  　　[네임name]은 / 〈이름〉이다

  ▶ [데이트date]는 / 〈날짜〉이며

  　　[게이트gate]는 / 〈문〉이다.

  ▶ [글레스glass]는 / 〈유리〉이며

  　　[그래스grass]는 / 〈풀〉이며 〈초원〉이다.

  ▶ [볼ball]은 / 〈공〉이요,

  　　[콜call]은 / 〈전화하다-부르다〉며

  　　[월wall]은 / 〈벽〉이다.

1

접두어
발성

교육의 뿌리는 쓰지만 그 열매는 달다. - 아리스토텔레스
The roots of education are bitter, but the fruit is sweet.
- Aristoteles

Chapter 1
접두어 발성

1 앞[전-미리-먼저]의 접두어 : [fore-]

1 forefather [포ㄹ파더ㄹ]

fore|father

♣ 포ㄹ fore-는 / [앞-먼저-미리] 뜻,
father 는 / [아버지]시라!

☞ 우리보다 / 앞 fore-서 살다
가신 아버지 father
♬ 그 분을 우리는 / 조상이라 하잖는가!

2 forego [포ㄹ고우]

fore|go

♣ fore-는 / [앞-먼저-미리] 뜻,
go는 / [가다]이니

☞ [앞-먼저-미리] [가다] / 뜻이 되어서
♬ 앞에 가다, 앞서다 / 뜻이 되는 것.
see는 / 그대로 / [보다]가 아닌가

☞ [앞-먼저-미리] [보다] / 뜻이긴 한데

③ **foresee** [포르씨이]

fore|see

♧ fore-는 / [앞-먼저-미리] 뜻,
see는 / 그대로 / [보다]가 아닌가

☞ [앞-먼저-미리] [보다] / 뜻이긴 한데
먼저 보고 / 미리 보니
♬ 예견하다, 미리 알다 / 뜻이 되는구나!

④ **forehead** [**포르**헤드]

fore|head

♧ fore-는 / [앞-먼저-미리] 뜻,
head는 / [머리]-라는 뜻인데?

☞ [앞] [머리] 라고 하면 / 머리의 앞인가?
머리에서 앞이라면
♬ 이마 / 가 될 수 밖에!

⑤ **foretell** [포르텔]

fore tell

♧ fore-는 / [앞-먼저-미리]의 뜻,
tell은 / [말하다] / 그 누가 모르나?

☞ [앞-먼저] [말하다]는 / 또 무엇인고?
앞 일에 대하여 / 먼저, 미리 말하니
♬ 예언하다 / 아닌가!

1 fore｜father

    ♧ fore−는 /
    father는 /

    ☞
    ♫

2 fore｜go

    ♧ fore−는 /
    go는 /

    ☞
    ♫

3 fore｜see

    ♧ fore−는 /
    see는 /

    ☞
    ♫

4 fore｜head

    ♧ fore−는 /
    head는 /

    ☞
    ♫

5 fore｜tell

    ♧ fore−는 /
    tell은 /

    ☞
    ♫

1 afternoon [애프터ㄹ눈]

after|noon

♧ 애프터ㄹ after–는 / [나중–뒤]
noon은 / [정오]라.

두 개 뜻을 모으니
☞ [나중–뒤]의 [정오] 인데?
정오의 나중이면 / 정오가 지난 후로
♬ 삼척동자 다 아는 / 오후가 아닌가!

2 afterward(s) [애프터ㄹ워어즈]

after|ward(s)

♧ after–는 / [뒤–나중]
ward(s)는 / [(어느)쪽으로] / 방향을 말해
♬ 뒤쪽으로, 나중에 / 자연스레 나오네.

1 **after** | noon

♣ after–는 /
noon은 /

두 개 뜻을 모으니
☞
♫

2 **after** | ward(s)

♣ after–는 /
ward(s)는 /

♫

1 overcoat [오우버ㄹ코우트]

over|coat

♣ 오우버ㄹ over-는 / [위]의 뜻
coat는 / [옷]이라

☞ 옷 coat 위에 over- 입으니 / 두 말할 것 뭐 있나
♬ **외투**가 아닌가!

2 overcome [오우버ㄹ컴]

over|come

♣ over-는 / [위]이며
come은 / [오다]이니

☞ [위]로 [오다]라는 건 / (고통)위로 오다-로서
♬ 역경, 유혹, 장애 등을 **이겨내다, 극복하다,
정복하다** / 라는 뜻.

3 overeat [오우버리ㅌ]

over|eat

♣ over- 는 / [위-너머],
이이ㅌ eat은 / [먹다]로서

☞ [위]가 넘치게 / 지나치게 먹다-로서
♬ **과식하다** / 입니다

④ **overhead** [오우버ㄹ헤드]

over|head

♧ over-는 / [위에]의 뜻
head는 / [머리]

☞ 두 개 뜻이 모이면
♫ **머리 위에** / 라는 뜻

⑤ **overhear** [오우버ㄹ히어ㄹ]

over|hear

♧ over-는 / [위]의 뜻
hear은 / [듣다]로서

☞ [위]로 [듣다] 함이란
안 듣는 체하면서 / 듣는 것으로
♫ **무심코 듣다**이며 / **엿듣다**이다

⑥ **overlook** [오우버ㄹ루ㅋ]

over|look

♧ over-는 / [위-너머],
look은 / [보다]로서

☞ [위]에서 너머로 [보다]-함인데
위에서 아래로 내려 본다 함이니,
♫ **못 본체 하다**이며 **너그럽게 봐주다**
또 다른 뜻으로는 / **내려다 보다** 라

7 oversea(s) [오우버ㄹ씨이]

over|sea

♧ over-는 / [위-너머],
씨이 sea는 / [바다]로서

☞ 바다 너머 간다 함은
♫ 해외로, 해외에서 / 라는 뜻이라

8 overtake [오우버ㄹ테이크]

over|take

♧ over-는 / [위-너머],
테이크 take는 / [잡다]로서

☞ [위]에서 덮치듯 / 잡다-가 되어
앞서 가는 사람을 / 덮치듯 잡으니
♫ 따라잡다, 엄습하다 / 그런 뜻이라

8 overwork [오우버ㄹ워어ㄹ크]

over|work

♧ over-는 / [위-너머],
워어ㄹ크 work는 / [일하다]로서

☞ [위]를 넘어 일하다-는
능력 위로 넘어서 / 지나치게 일하니
♫ 과로하다, 지나치게 일하다 / 뜻이라

1 **over**|coat

    ♧ over-는 /
    coat는 /

    ☞

    ♫

2 **over**|come

    ♧ over-는 /
    come은 /

    ☞

    ♫

3 **over**|eat

    ♧ over-는 /
    eat은 /

    ☞

    ♫

4 **over**|head

    ♧ over-는 /
    head는 /

    ☞

    ♫

5 **over**|hear
♣ over─는 /
hear은 /

☞
♫

6 **over**|look
♣ over─는 /
look은 /

☞
♫

7 **over**|sea
♣ over─는 /
sea는 /

☞
♫

8 **over**|take
♣ over─는 /
take은 /

☞
♫

9 **over**|work
♣ over─는 /
work은 /

☞
♫

① downfall [다운포올]

down|fall

♣ down-은 / [아래]의 뜻,
폴 fall은 / [떨어지다]

☞ 아래로 갑자기 / 툭하고 떨어지니
♬ ① 어떤 것이 아래로 / 갑자기 떨어지니
낙하(물) / 이요
② 권력이 아래로 / 갑자기 떨어지면
몰락 / 이겠고
③ 비, 눈 따위 아래로 / 갑자기 떨어지니
많이 내림 / 이니라

② downstairs [다운스테어르즈]

down|stairs

♣ down-은 / [아래]의 뜻,
스테어르즈 stairs는 / [계단, 층계]

☞ 아래의 계단, 층계
♬ **아래층** / 이지

③ subway [서브웨이]

sub|way

> ♧ 서브 sub–는 / [아래]의 뜻,
> 웨이 way는 / [길]인데
>
> ☞ [아래]로 / 난 [길]은
> ♬ **지하도, 지하철** / 우리 모두 아는 길~

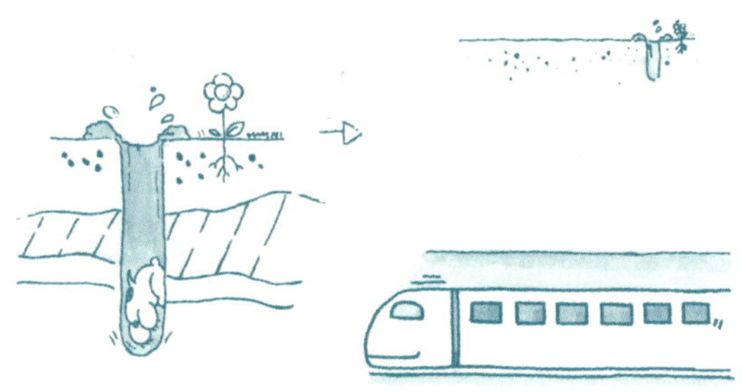

④ submarine [서브마린]

sub|marine

> ♧ sub–는 / [아래]의 뜻,
> 마린 marine은 / [바다]인데
>
> ☞ [바다]의 [아래]니까
> ♬ **해저의, 잠수함** / 우리 모두 아는 것!

1 **down** fall

♧ down–은 /
　fall은 /

☞

♫ ① 어떤 것이 아래로 / 갑자기 떨어지니

② 권력이 아래로 / 갑자기 떨어지면

③ 비,눈 따위 아래로 / 갑자기 떨어지니

2 **down** stairs

♧ down–은 /
　stairs는 /

☞

♫

3 **sub** way

♧ sub–는 /
　way는 /

☞

♫

4 **sub** marine

♧ sub–는 /
　marine은 /

☞

♫

1 income [인컴]

in|come

♣ in-은 / [안]의 뜻,
컴 come은 / [오다]이니

☞ (돈 따위가) / 안 in-으로 / 들어오다 come이니
이것이야말로
♬ **수입**이며 / **소득** 아닌가!

2 include [인클루우드]

in|clude

♣ in-은 / [안]의 뜻,
클루우드 clude는 / [닫다]이니

☞ 안에다 넣고 닫다 / 안에다 넣으니
♬ **포함하다, 애워싸다** 그런 뜻이 되지요

3 incline [인클라인]

in|cline

♣ in-은 / [안]의 뜻,
클라인 cline은 / 기울다

두 개의 뜻을 모으면,
☞ **안으로 기울다**
(마음이)안으로 / 기웃기웃 기울어
♬ **(무엇인가)할 마음이 생기게 하다**

4 **interview** [인터르뷔우]

inter view

♣ 인터르inter-는 / [안으로-사이에]
뷔우view는 / see로서 [보다]의 뜻

☞ 안으로inter-들어가 / (누구를)본다view는 건
(누군가를)만나다 / 의미가 되어
♫ **면접하다, 회견하다** / 그런 뜻이라!

5 **interchange** [인터르췌인즈]

inter change

♣ inter-는 / [안으로-사이에]
췌인즈change는 / [바꾸다]로

☞ 사이에서 바꾸다 / 서로 교환하다-니
♫ **교환하다, 바꾸다** / 그런 뜻이라

6 **international** [인터르네셔널]

inter national

♣ inter-는 / 사이에-안으로
네셔널national은 / [국가의]

☞ 국가 사이의, 국제간의 / 뜻이 되니
♫ **국제간의, 국제적인** / 그런 뜻이라

1 **in**|come

♣ in-은 /
come은 /

☞
♪

2 **in**|clude

♣ in-은 /
clude는 /

☞
♪

3 **in**|cline

♣ in-은 /
cline은 /

두 개 뜻을 모으면,

☞
♪

4 **inter**|view

♣ inter는 /
view는 /

☞
♪

5 **inter**|change

♣ inter는 /

change는 /

☞

♪

6 **inter**|ational

♣ inter는 /

national은 /

☞

♪

1 export [익스**포**올트]

ex|port

♣ 익스 ex-는 / [밖]의 뜻,
포오르트 port는 / [운반하다]

☞ (상품 따위를)밖으로 ex- / 운반한다 port하는 뜻은
그 누가 뭐라 해도
♫ **수출하다** / 인 것을!

2 expose [익스**포**우즈]

ex|pose

♣ ex-는 / [밖]의 뜻,
포우즈 pose는 / [놓다]-로서

☞ 밖에다 놓다 / 밖에다 내놓으니
♫ **노출시키다 !**

3 extend [익스**텐**드]

ex|tend

♣ ex-는 / [밖]의 뜻,
텐드 tend는 / [펼치다]-로

☞ 밖으로 ex- 펼치 tend니 / 자연스레 그 뜻이
♫ **넓히다, 뻗치다** / 가 되지 않는가!

④ outbreak [아우ㅌ브레이크]

out break

♧ ex-는 / [밖]의 뜻,
　break는 / [깨지다]

☞ 밖으로 ex- 깨져서 / 나온 상태니
　자연스레 그 뜻이
♬ (일, 사건 따위의) / **발생, 발발** 이 되네.

⑤ outcome [아우ㅌ컴]

out come

♧ out-는 / [밖]의 뜻,
　come은 / [오다]로서

☞ 밖으로 나온 것 / 그것은 드러난 것
♬ **결과, 성과** / 뜻인 걸 / 누가 봐도 다 알지~

⑥ outdo [아우ㅌ두]

out do

♧ out-는 / [밖]의 뜻,
　do는 / [~하다]

☞ 밖으로 하다-란 / 드러나게 잘하다-니
♬ **뛰어나다, 능가하다** / 쉬운 뜻풀이

7 outdoor [아우ㅌ도얼]

out|door

♧ out—는 / [밖]의 뜻,
　　도어ㄹdoor은 / [문]인걸 / 모르는 이 있을까?

☞ 문 밖에 있으니
♬ **야외의, 옥외의** / 뜻 절로 나오지.

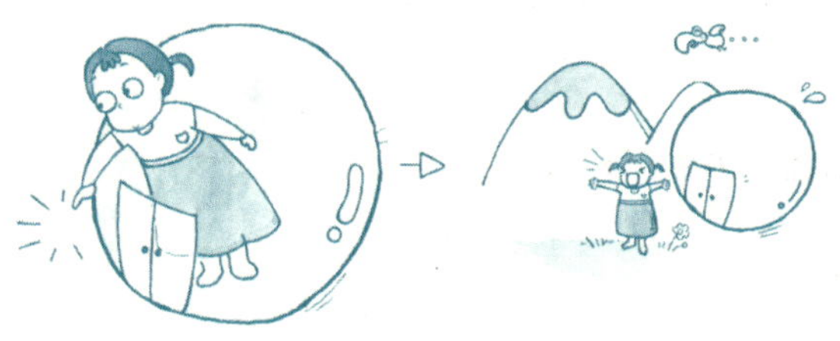

8 outline [아우ㅌ라인]

out|line

♧ out—는 / [밖]의 뜻,
　　line은 / [선]이라

☞ 밖으로 선 그리다 / 테두리를 그리니
♬ **윤곽을 그리다** 며 / **윤곽은, 개요**이다

1 **ex** port

♣ ex-는 /
　port는 /

☞

♬

2 **ex** pose

♣ ex-는 /
　pose는 /

☞

♬

3 **ex** tend

♣ ex-는 /
　tend는 /

☞

♬

4 **out** break

♣ ex-는 /
　break는 /

☞

♬

5 **out** come

♣ out-는 /
come은 /

☞

♪

6 **out** do

♣ out-는 /
do는 /

☞

♪

7 **out** door

♣ out-는 /
door는 /

☞

♪

8 **out** line

♣ out-는 /
line은 /

☞

♪

2

접미어
발성

교육은 자유롭게 굽이쳐 흐르는 시냇물을 일직선의 도랑으로 만드는 것
이다. - H.D 토로우
Education makes a straightcut ditch of a free, meandering
brook. - H.D Thoreau

Chapter 2

접미어 발성

1 동사접미어 : ～하(게하)다 : [en–] [–ify] [–ize]

1 deepen [디잎은]

deep|en

♧ 디잎deep은 / [깊은]의 뜻
언–en은 / [하(게하)다], 동사접미어

두 개 뜻을 모으면,
♫ 깊게 하다, 깊어지다

2 harden [하아르드언]

hard|en

♧ 하아르드hard는 / [견고한]
–en은 / [하(게하)다], 동사접미어

☞ 견고히 하다
♫ 견고하게 하다, 굳게하다 / 견고히 하다

3 redden [레든]

red|d|en

♧ 레드red는 / [붉은]이며
　　−en은 / [하(게하)다], 동사접미어

☞ 붉게하다, 붉어지다 / 그대로 여서
♫ **붉어지다, 붉히다** / 이렇게 되지.
★ [d]는 중간접미어

4 class ify [클레시파이]

class|ify

♧ 클레스class는 / [등급]이며
　　파이−ify는 / [하(게하)다], 동사접미어

☞ 등급하다, 분류하다 / 뜻 그대로
♫ **분류하다** / 가 되지.

5 just ify [저스티파이]

just|ify

♧ 저스트 just는 / [바른]
-ify는 / [하(게하)다], 동사접미어

☞ 바르게 하게 하다
♫ **정당화하다**

6 beaut ify [비우티파이]

beaut|ify

♧ 비우티 beauty는 / [아름다움]
-ify는 / [하(게하)다], 동사접미어

☞ 아름답게 하다
♫ **아름답게 하다, 미화하다**

7 real ize [리얼라이즈]

real|ize

♧ 리얼 real은 / [실제의]
-ize는 / [하(게하)다], 동사접미어

☞ 실제화하다 / 실현하다
♫ **실현하다**

8 civil ize [시빌라이즈]

civil|ize

♧ civil은 / [문명한]
아이즈 –ize는 / [하(게하)다] 동사접미어

☞ 문명화하다
♬ 문명화하다

9 memor ize [메모라이즈]

memor|ize

♧ 메모리 memory는 / [기억]이며
–ize는 / [하(게하)다], 동사접미어

☞ 기억하다
♬ 기억하다

생각하며 발성하기 7

1 deep|**en**

♣ deep은 /
−en은 /

☞
♪

2 hard|**en**

♣ hard는 /
−en은 /

☞
♪

3 red|d|**en**

♣ red는 /
−en은 /

☞
♪

4 class|**ify**

♣ class는 /
−ify는 /

☞
♪

5 just**ify**

♣ just는 /
　-ify는 /

☞
♪

6 beaut**ify**

♣ beauty는 /
　-ify는 /

☞
♪

7 civil**ize**

♣ civil은 /
　-ize는 /

☞
♪

8 real**ize**

♣ real은 /
　-ize는 /

☞
♪

9 memor**ize**

♣ memory는 /
　-ize는 /

☞
♪

2 명사접미어 : ~함, ~것 :
[-age] [-(t)ion] [-ent] [-ist] [-er] [-or]

1 carri age [케리즈]

♧ 케리 carry는 / [운반하다]
에이즈 –age는 / [~함, ~것] / 명사접미어

☞ [운반]하게 함에서
♫ 운반의 뜻이 되며
운반하는 것으로 / 탈것이 되고,

2 marri age [메리즈]

♧ marry는 / [결혼하다]
–age는 / [~함, ~것] 명사접미어

두 개 뜻을 모으면
♫ 결혼 / 의 뜻이라.

3 us age [유우지즈]

♧ 유즈 use는 / [사용하다]
–age는 / [~함, ~것] / 명사접미어

♫ 사용함, 사용이며
사용하는 방법이니 / 용법이 아닌가

4　　**act ion** [액션]

♧ 액트 act는 / [동작하다–행동하다]
　　–ion는 / [~함, ~것] / 명사접미어

　　두 개 뜻을 모으면,
♫ **동작하다**의 명사형은 / **동작**이 되며
　　행동하다의 명사형은 / **행동**이라네.

5　　**nat ion** [네이션]

♧ nate은 / [태어나다]
　　–ion은 / [~함, ~것] / 명사접미어

☞ 태어남 / 태어난 곳–의 / 의미가 되어
♫ **국민의, 국가** / 라는 뜻이 되지요.

6 **introduc tion** [인터러**덕**션]

♧ introduce는 / [소개하다]
　　–tion은 / [~함, ~것] / 명사접미어

　☞ 소개함–이 / 되어서
♫ **소개, 도입**이지.

7 **produc tion** [프로**덕**션]

♧ 프로듀스 produce는 / [생산하다, 제조하다]
　　–tion은 / [~함, ~것] / 명사접미어

　　두 개 뜻을 모으면,
☞ 생산함–제조함–이 / 되어서
♫ **생산, 제조, 제조품**이 / 되겠지

8 stud ent [스튜던트]

♧ 스터디 study는 / [공부하다–연구하다]
엔트 –ent은 / [사람]으로 / 행위자 접미어

☞ 공부하는 사람 / 으로
♬ **학생, 학자 / 연구가** / 라 부르지.

9 presid ent [프레지던트]

♧ 프리쟈이드 preside는 / [사회하다–주재하다]
–ent은 / [사람]으로 / 행위자 접미어

☞ 사회하는 사람, 주재하는 사람–으로
① 학교나 회사를 / 주재하는 사람이면
회장, 학장, 총장 이며
♬ ② 국가를 주재하면 / **대통령** 이지.

10 tour ist [튜어ㄹ리스트]

♧ 튜어ㄹ tour은 / [여행하다–관광하다]
이스트 –ist는 / [사람]으로 / 행위자 접미어

☞ 여행하는 사람–이니
♬ **여행자**이다

11 art ist [아ㄹ티스트]

♧ 아ㄹ트 art는 / [예술–기술]
–ist는 / [사람]으로 / 행위자 접미어

☞ 예술하는 사람–으로
♬ **예술가**라는 말

12 **novel ist** [**노블**리스트]

♣ 노블novel은 / [소설]
　–ist은 / [사람]으로 / 행위자 접미어

☞ 소설하는 사람 / 소설 쓰는 사람–이니
♫ **소설가** / 이고

13 **speak er** [스**피**이커ㄹ]

♣ 스피크speak은 / [말하다]
　어ㄹ–er은 / [사람–사물] / 행위자 접미어

두 개 뜻을 모으면,
☞ 말하는 사람–이니
♫ **연사** 아닌가!

14 **teach er** [**티**쳐어ㄹ]

♣ teach는 / [가르치다]
　–er은 / [사람–사물] / 행위자 접미어

☞ 가르치는 사람–이니
♫ **교사** / 일 밖에!

15 **lead er** [**리**이드어ㄹ]

♣ 리이드lead는 / [지도하다]
　–er은 / [사람–사물] / 행위자 접미어

두 개 뜻을 모으면,
☞ 지도하는 사람–으로
♫ **지도자** / 라네.

16 **act or** [액터어ㄹ]

♣ 액트 act는 / [동작하다–행동하다]
　　–or은 / [사람–사물] / 행위자 접미어

두 개 뜻을 모으면,
☞ [동작하는 사람 / 행동하는 사람]이니
♫ 행위자, 행동자 / (사건의)관여자
　영화 속의 행동자 / 남자 영화배우

17 **visit or** [뷔지터ㄹ]

♣ 뷔지트 visit는 / [방문하다]
　　–or은 / [사람, 사물] / 행위자 접미어

두 개 뜻을 모으면,
☞ 방문하는 사람–으로
♫ 방문객, 방문자

18 **elevate or** [엘러붸이터ㄹ]

♣ 엘리붸이트 elevate는 / [올리다]
　　–or은 / [사람–사물] / 행위자 접미어

두 개 뜻을 모으면,
☞ 올리는 사람(사물)
♫ 승강기 / 물건을 올리는 사람(장치) / 이지.

1 carri **age**

♣ carry는 /
     -age는 /

☞

♪

2 marri **age**

♣ marry는 /
     -age는 /

☞

♪

3 use **age**

♣ use는 /
     -age는 /

☞

♪

4 act **ion**

♣ act는 /
     -ion는 /

☞

♪

5 nat **ion**

 ♧ nat는 /
  –ion는 /

 ☞

 ♫

6 introduc **tion**

 ♧ introduce는 /
  –tion은 /

 ☞

 ♫

7 produc **tion**

 ♧ produce는 /
  –tion은 /

 ☞

 ♫

8 stud **ent**

 ♧ study는 /
  –ent은 /

 ☞

 ♫

9 presid **ent**

 ♧ preside는 /
  –ent은 /

☞

♫

10　ture **ist**

♣ ture는 /
　 –ist은 /

☞

♫

11　art **ist**

♣ art는 /
　 –ist은 /

☞

♫

12 novel **ist**

♣ novel은 /
　 –ist은 /

☞

♫

13 speak **er**

♣ speak는 /
　 –er은 /

☞

♫

14 teach **er**

♣ teach는 /
-er은 /

☞
♪

15 lead **er**

♣ lead는 /
-er은 /

☞
♪

16 act **or**

♣ act는 /
-or은 /

☞
♪

17 visit **or**

♣ visit는 /
-or은 /

☞
♪

18 elevate **or**

♣ elevate는 /
-or은 /

☞
♪

1 eat able [이트블]

♧ 이이트 eat는 / [먹다]의 뜻,
　어블 -able은 / can과 같아
　[~할 수 있는]

　두 개 뜻을 모으면,
♫ **먹을 수 있는, 먹기 적합한**

2 change able [췌인지블]

♧ 췌인지 change는 / [바꾸다]의 뜻,
　-able은 / can과 같아 / [~할 수 있는]

☞ 바꿀 수 있는–변하기 쉬운
♫ **변하기 쉬운**

3 move able [무우브블]

♧ 무으브 move는 / [움직이다]
　-able은 / can과 같아 / [~할 수 있는]

☞ 움직일 수 있는
♫ **먹을 수 있는, 먹기 적합한**

4 **form al** [포옴을]

♣ 포옴 form은 / [모양]의 뜻,
얼 –al은 / [~의, ~하는] / 형용사 어미

두 개 뜻을 모으면,
♫ **모양의, 형식의 / 형식적인** 뜻이라

5 **centr al** [센트럴]

♣ 센터ㄹ center은 / [중앙–중심]의 뜻,
–al은 / [~의, ~하는] / 형용사 어미

☞ 중앙의, 중심의 / 뜻 풀이 대로
♫ **중앙의, 중심의** / 뜻이 되지.

6 **nation al** [내셔널]

♣ 내이션 nation은 / [국민–국가]의 뜻,
–al은 / [~의 ~하는] / 형용사 어미

두 개 뜻을 모으면,
☞ 국민, 국가의 / 뜻 그대로
♫ **국민의, 국가의** / 뜻!

7 beauti ful [비우티풀]

♣ 비우티 beauty는 / [아름다움-미]의 뜻,
풀 -ful은 / [~하는, ~의] / 형용사 어미

두 개 뜻을 모으면,
☞ 아름다운 / 이란 의미
♫ **아름다운**이란 말 / **예쁜, 고운** / 이란 말

8 care ful [케어풀]

♣ 케어 care는 / [주의-조심]
-ful은 / [~하는 ~의] / 형용사 어미

두 개 뜻을 모으면,
☞ 주의하는, 조심하는 / 이라서
♫ **주의 깊은, 조심하는**

9 hope ful [호우ㅍ풀]

♣ 호우프 hope는 / [희망]의 뜻,
-ful은 / [~하는 ~의] / 형용사 어미

두 개 뜻을 모으면,
☞ 희망하는, 희망이 있는 / 이 되어서
♫ **희망에 찬, 유망한** / 뜻이 된다네.

1 eat **able**

♣ eat는 /
　　−able은 /

♪

2 change **able**

♣ change는 /
　　−able은 /

☞
♪

3　move **able**

♣ move는 /
　　−able은 /

☞
♪

4　form **al**

♣ form은 /
　　−al은 /

☞
♪

5　centr **al**

♣ center은 /
−al은 /

☞
♪

6 nation **al**

♧ nation은 /
　－al은 /

　두 개 뜻을 모으면,
☞
♫

7 beauti **ful**

♧ beauty는 /
　－ful은 /

　두 개 뜻을 모으면,
☞
♫

8 care **ful**

♧ care는 /
　－ful은 /

　두 개 뜻을 모으면,
☞
♫

9 hope **ful**

♧ hope는 /
　－ful은 /

　두 개 뜻을 모으면,
☞
♫

1 kind ly [카인드리]

♧ 카인드kind는 / [친절한]
-ly리는 / [~하게,~히] / 형용사, 부사 어미

두 개 뜻을 모으면
♫ **친절히, 친절하게**

2 bad ly [배드리]

♧ 배드 bad은 / [나쁜]
-ly는 /[~히, ~하게] / 형용사, 부사 어미

두 개 뜻을 모으면,
♫ **나쁘게, 몹시** / 란 뜻이 절로 나오고!

3 nob ly [노블리]

♧ 노블noble은 / [고상한]
-ly는 / [~히, ~하게] / 형용사, 부사 어미

두 개 뜻을 모으면,
♫ **고상하게** / 가 되지.

④ back ward (s) [백워ㄹ즈]

♣ 백back은 / [뒤]의 뜻,
워ㄹ즈-ward(s)는 / [방향]의 뜻,

☞ 뒤, 방향 / 의 뜻
♬ **뒤쪽으로, 후방으로**

⑤ east ward (s) [이스트워ㄹ즈]

♣ 이스트east는 / [동(쪽)]의 뜻,
-ward(s)는 / [방향]의 뜻,

두 개 뜻을 모으면,
☞ 동쪽으로, 동방에-가 되어서
♬ **동쪽으로, 동방에** / 뜻이야

⑥ head long [헤드롱]

♣ 헤드head는 / [머리]이며,
-long롱은 / [방향]의 뜻,

☞ 머리 방향-머리 쪽 / 뜻이 되 는데
다리가 머리 쪽 / 머리 방향이 되면
♬ **거꾸로, 곤두박이로** / **무모하게**라는 뜻.

⑦ side long [사이드롱]

♣ 사이드side는 / [옆]이며,
-long은 / [방향]의 뜻,

☞ 옆쪽으로-옆으로 / 뜻이 되어서
♬ **옆쪽으로, 옆으로** / **비스듬히**라는 뜻.

1 kind **ly**

♣ kind는 /
–ly는 /

두 개 뜻을 모으면
♫

2 bad **ly**

♣ bad은 /
–ly는 /

두 개 뜻을 모으면,
♫

3 nob **ly**

♣ noble은 /
–ly는 /

두 개 뜻을 모으면,
♫

4 back **ward (s)**

♣ back은 /
–ward(s)는 /

두 개 뜻을 모으면,
☞
♫

5 east **ward (s)**

♣ east는 /
　-ward(s)는 /

　두 개 뜻을 모으면,
☞
♫

6 head **long**

♣ head는 /
　-long은 /

　두 개 뜻을 모으면,
☞
♫

7 side **long**

♣ side는 /
　-long은 /

　두 개 뜻을 모으면,
☞
♫

단어
발성

가장 나쁜 것은 포기하는 것이다. – 에라스무스
The worst thing is to give up. – Erasmus

Chapter 3
단어 발성

1 액션 action 배우 actor는 연기 act를 먹고 산다?

1 act [액트]

♣ ① 행동하다, 연기하다
② 무대 위에 서게 되면 / 연기하다 / 란 뜻이라.

2 act or [액트어ㄹ]

♣ act는 / 행동하다, 연기하다
오얼 –or은 / 사람–이라

두 개 뜻을 모으면,
♫ ① 행동하는 사람이면☞ 행위자를 말함이며
② (무대 위의)행위자는☞ 배우를 말함이라.

3 act ion [액션]

♣ act는 / 행동하다, 연기하다
션–tion은 / ~함, ~것 / 명사접미어

두 개 뜻을 모으면,
♫ ① 행동하다☞ 행동 / 이며
② 연기하다☞ 연기로서/ 나아가
③ 행위, 동작, (몸)짓 / 이란 명사가 됨이라!

★ (반) inaction : 활동하지 않음, 휴식, 나태

4 in act ion [이낵션]

♣ in-은 / not 의 뜻
　action은 / 행동, 동작, 연기 / 로서

두 개 뜻을 모으면,
♬ **활동하지 않음**이니 / **휴식, 나태** / 아닌가.

5 en act [이낵트]

♣ en-은 / 만들다
　act는 / 행동, 행위 / 이니까

두 개 뜻이 만나면,
☞ **행동하게 만들다** / 로

♬ (연극 따위에서는) / 행동하게 만들다-가
　① **어떤 역을 맡아하다** / 그런 뜻이요,
　　(법 따위를)만들다-니
　② (법률을)**제정하다** / 그런 뜻이 됩니다.

6 ex act [이그잭트]

♣ ex-는 / 밖/ 이요,
　act는 / 행동, 행위/ 이니까

두 개 뜻이 만나면,
☞ 밖ex-으로 / (나가게)행동하다
　물건의 무게를 / 정확하게 달기 위해
　저울추를 [안팎]으로 / 움직임을 의미하여
♬ **정확한, 엄밀한** / 그런 뜻이 됩니다.

7 inter act [인터**랙트**]

♧ inter-는 / 사이, 중간, 안 / 의 뜻,
act는 / 행동이라

☞ (둘)사이에 들어가 / 행동(동작)하니까/
♬ **서로(상호)작용하다** / 그런 뜻 아니겠소.

8 re act [리**액트**]

♧ re-는 / 반대, 다시, 도로-되
act는 / 뜻 그대로 / 행동하다, 동작하다

두 개 뜻이 만나면 /
☞ 반대re-하는 행동act이니
♬ **반동하다, 반응하다** / 그런 뜻이 되니라!

9 trans act [트랜**잭트**]

♧ trans-는 / 이쪽에서 저쪽으로
act는 / 행동하다

두 개 뜻이 만나면
☞ 이쪽에서 저쪽으로 행동 한다 / 하는 말로
(상품 따위)이쪽에서 저쪽으로
움직임을 뜻하여
♬ **거래하다, 교섭하다, 처리하다** / 뜻이라!

1   **act** [액트]
       ♪ ①
         ②

2   **act** or [**액트얼**]
       ♣ act 는 /
        –or은 /

        두 개 뜻을 모으면,
       ♪ ①
         ②

3   **act** ion [**액시언**]
       ♣ act는 /
        –tion은 /

        두 개 뜻을 모으면,
       ♪ ① 행동하다☞
         ② 연기하다☞
         ③   / 이란 명사가 됨이라!

4   in **act** ion [**이낵션**]
       ♣ in–은 /
        action은 /

        두 개 뜻을 모으면,
       ♪   –이니/   /   아닌가.

5   en **act** [이낵트]
       ♣ en–은 /
        act는 /

두 개 뜻이 만나면,
☞
♫
　①
　②

6　ex **act** [이그**잭트**]
♧ ex–는 /
act는 /

두 개 뜻이 만나면,
☞
♫

7　inter **act** [인터**랙트**]
♧ inter–는 /
act는 /

☞
♫

8　re **act** [리**액트**]
♧ re–는 /
act는 /
☞
♫

9　trans **act** [트랜**잭트**]
♧ trans– 는 /
act 는 /

☞
♫

1 **alt ar** [오올터얼]

♣ alt는 / [높은]이고
    --ar은 / [~것, ~함] / 명사접미어

두 개 뜻을 모으면,
☞ [높은] [~것] 의미로
♫ **제단**은 원래가/ 높이 쌓아 놓은 것

2 **alt itude** [앨티튜우드]

♣ alt는 / [높은]이고
    --tude는 / [~것, ~함] / 명사접미어

♫ 높은 것을 뜻하여 / **높이** 가 되고
바다부터 높이를 / **해발** 이라 합니다

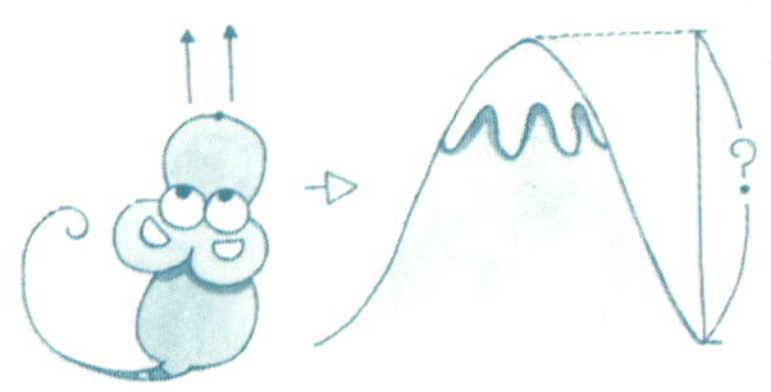

❸ ex alt [이그조올트]

♧ ex–는 / out으로 [밖]의 뜻이요,
alt는 / [높은]이라

두 개 뜻을 모으면,
☞ 밖으로 높이다–로 / 밖으로 드러나게
♫ **높이다, 승진시키다**

❹ ex alt ation [이그조올**테이**션]

♧ exalt는 / 높이다–승진시키다
–ation는 / [~것, ~함] / 명사접미어

두 개 뜻을 모으면
♫ **높임, 승진, 고양** / 이라.

1 **alt** ar [**오올터얼**]
♣ alt는 /
-ar은 /

두 개 뜻을 모으면,
☞[높은] [~것] /
♬ 제단-은 원래가 /

2 **alt** itude [**앨티튜우드**]
♣ alt는 /
-tude는 /

☞
♬

3 ex **alt** [이그조**올트**]
♣ ex-는 /
alt는 /

두 개 뜻을 모으면,
☞
♬

4 ex **alt** ation [이그조올**테이션**]
♣ exalt는 /
-ation는 /

두 개 뜻을 모으면,
♬

3 걷는 자여, 야망ambition을 가져라!

1 amb ition [앰비션]

♧ amb앰브는 / 라운드round [돌아다니다]
--ition이션은 / [~것, ~함] / 명사접미어

두 개 뜻을 모으면,
☞ 돌아다님– 이란 뜻
꿈을 찾아 여기저기 돌아다님 / 이란 건
♬ **야망, 야심** / 가졌기 때문

2 amb itious [앰비셔스]

♧ ambition앰비션은 / [야망]이고
--ious는 / [~의, ~하는] / 형용사 어미

☞ 야망의, 야망이 있는 / 으로
♬ **야망이 있는, 야심적인** / 뜻이 되면서
큰 뜻을 품은 / 이란 뜻도 됩니다.

3 amb ul ance [앰뷸런스]

♧ amb앰브는/ round [돌아다니다]
--ul얼은 / 중간 접미어
--ance언스는 / [~것, ~함] / 명사접미어

두 개 뜻을 모으면,
☞ 돌아다님– 으로서 / 여기저기 돌아다니는
♬ **병원차, 구급차** / 어디 못 봤소?

★ 전쟁 시에 엠뷸런스ambulance는 여기저기 걸어
(돌아) 다니면서 들것에 환자를 옮겼다 는 뜻에서–

1 amb ition [앰비션]
    ♧ amb는 /
      –ition은 /

      두 개 뜻을 모으면,

2 amb itious [앰비셔스]
    ♧ ambion은 /
      –ious는 /

3 amb ul ance [앰불런스]
    ♧ amb는 /
      –ul은 /
      –ance는 /

      두 개 뜻을 모으면,

1 anim ation [애니**메이**션]

♧ animate 애니매이ㅌ은 / [활기를 주다]
—ation 에이션은 / [~것, ~함]명사접미어

두 개 뜻을 모으면
☞ 활기를 줌– / 생기를 줌– 이니
♬ **활기, 생기** / 뜻이래!

2 anim ate [**애니매이ㅌ**]

♧ anim 애님은 / [생명, 활기]
—ate 에이ㅌ은 / [~하다],동사어미

두 개 뜻을 모으면
☞ 활기를 주다, 생기를 주다 / 로서
♬ **활기를 주다, 활발하다** / 뜻이라

3 in anim ate [이**내**니메이트]

♧ in–은 / [없음]과 [아님]의 / 부정 접두어
anim 은 / [생명, 마음, 삶]의 뜻

두 개 뜻을 모으면
☞ [생명–마음–삶]이 / 없음
♬ 그래서 / **생명이 없는** / **죽은, 무정한**

1 **anim** ation [애니**메이**션]

    ♣ animate는 /

      −ation은 /

      두 개 뜻을 모으면

    ☞

    ♫

2 **anim** ate [**애니**매이트]

    ♣ anim은 /

      −ate은 /

      두 개 뜻을 모으면

    ☞

    ♫

3 in **anim** ate [이**내**니메이트]

    ♣ in−은 /

      anim은 /

      두 개 뜻을 모으면

    ☞

    ♫

5 힘 센 팔arm은 곧 무기arms이다.

1 arm [아앎]

♧ 아앎 arm은 / 팔 또는 무장하다
팔과 무장하다 / 두 개 뜻이 있음은
아주 옛날에는 / 힘 센 팔 / 자체가 무기였던가?
하여튼 /
♫ 무기를 가지다, 무장하다 / 이지요

2 arm chair [아앎췌어ㄹ]

♧ arm은 / [팔] 또는 [무장하다]
췌어ㄹ chair은 / [의자]로서

두 개 뜻을 모으면,
☞ [팔]을 놓는/ [의자]로서
♫ (팔걸이)안락의자

3 arm our [아앎어ㄹ]

♧ arm은 / [팔] 또는 [무장하다]
—our은 / [~것], 명사접미어

두 개 뜻을 모으면,
☞ 무장하다, 무장한 것
♫ 갑옷(을 입다)

4 arm y [아앎이]

♧ arm은 / [팔] 또는 [무장하다]
　-y 는 / [~것], 명사접미어
　두 개 뜻을 모으면,
☞ 무장함 / 무장한 것
♬ **육군, 군대 / 많은 무리** 라

5 arm ful [아앎풀]

♧ arm은 / [팔]이고
　풀ful은 / [많다]는 뜻

　두 개 뜻을 모으면
☞ 팔에 많이 있으니
♬ **한 팔 가득, 한아름**

6 arm s [아앎즈]

♧ arm은 / [팔]이고
　-s 는 / 여러 개라

　두 개 뜻을 모으면
☞ 팔이 많아 / 여러 개면
♬ **무기,양팔** / 입니다.

7 al arm [어라앎]

♧ 얼 al–은 / 모두의 뜻
　arm은 / [팔]인데

　두 개 뜻을 모으면
☞ 모두 팔 걷고 싸우자! 하니 / 덜컥 겁난다하여
♫ **경보하다, 놀라게 하다** / 뜻이 되고요.

★ alarm clock : 자명종

8 dis arm [디스아앎]

♧ 디스 dis–는 / 접두어로–[분리]의 뜻,
　arm은 / [팔]과 [무기]라

　두 개 뜻을 모으면
☞ [팔]과 [무기]를 / [분리]시키니
　무장(한 것) 버리다.
♫ **무장을 해제하다**

1 arm [아암]
♧
♬

2 arm chair [**아암**췌어ㄹ]
 ♧ arm은 /
  chair은 /

  두 개 뜻을 모으면,
 ☞
 ♬

3 arm our [**아암**어ㄹ]
 ♧ arm은 /
  -our은 /

  두 개 뜻을 모으면,
 ☞
 ♬

4 arm y [**아암**이]
 ♧ arm은 /
  -y는 /

  두 개 뜻을 모으면,
 ☞
 ♬

5　**arm** ful　[**아**앎풀]
　　　　♣ arm은 /
　　　　　–ful은 /

　　　　　두 개 뜻을 모으면
　　　☞
　　　♫

6　**arm** s　[**아**앎즈]
　　　　♣ arm은 /
　　　　　–s는 /

　　　　　두 개 뜻을 모으면
　　　☞ 팔이 많아 /
　　　♫

7　al **arm**　[어**라**앎]
　　　　♣ al–은 /
　　　　　arm은 /

　　　　　두 개 뜻을 모으면
　　　☞
　　　♫
　　　★ alarm clock :

8　dis **arm**　[디스**아**앎]
　　　　♣ dis–는 /
　　　　　arm은 /

　　　　　두 개 뜻을 모으면
　　　☞
　　　♫

1 **art** [아아트]

♧ 아아트 art는
♫ **예술**과 **기술**의 뜻,
　손재간이 좋아 생긴 / 단어이지만
　이것저것 연결하는 / 기술 또한 있어서
　연결하다라는 뜻도 / 갖고 있다오

2 **art ist** [**아아ㄹ**티스트]

♧ art는 / [예술]의 뜻,
　–ist는 / [사람]이니

☞ [예술]하는 [사람] / 으로
♫ **예술가, 미술가**

3 **art less** [**아아ㄹ**트리스]

♧ art는 / [예술-기술]
　–less는 / [~이 없는] / 형용사 어미

☞ 기술 art없는 less / 기술 부리지 않는
♫ 그래서 / **소박한, 꾸밈이 없는** / 뜻입니다

4 **art isan** [**아아ㄹ**티젼]

♧ art는 / [예술-기술]
　–isan은 / [행위자]로 / [사람]과 [사물]

☞ [예술-기술] / 가진 [사람]

♫ **장인, 기능공**

생각하며 발성하기 6

1 **art** [아아트]
♧
♫

2 **art** ist [**아아ㄹ**티스트]
♧ art는 /
　-ist는 /

☞
♫

3 **art** less [**아아ㄹ**트리스]
♧ art는 /
　-less는 /

☞
♫

4 **art** isan [**아아ㄹ**티젼]
♧ art는 /
　-isan은 /

　두 개 뜻을 모으면,
☞
♫

1 bank [뱅크]

♧ 뱅크bank는 **은행**이며
♬ **제방**bank이며 / **둑**bank이다.

2 bank er [뱅크어리]

♧ bank는 / 은행 의 뜻
  –er은 / 사람–의 뜻

  두 개 뜻을 모으면,
☞ 은행 일 하는 사람 / 은행 사람–은행원
♬ **은행원, 은행가**

3 bank book [뱅크북]

♧ bank는 / 은행이며
  북book은 / 책–이라

  두 개 뜻을 모으면,
☞ 은행 책, 은행통장
♬ **은행통장** 이지요.

4 bank rupt [뱅크럽트]

♧ bank는 / 은행이며
  럽트rupt는 / 부수다–깨어지다

☞ 은행을 부수다 / 은행을 깨트리다
  그런 자를 일러서
♬ **파산자, 파탄자** / 라

1 **bank** [뱅크]
♣ 뱅크 bank는 /
♬

2 **bank** er [**뱅크어ㄹ**]
♣ bank는 /
　–er은 /

　두 개 뜻을 모으면,
☞
♬

3 **bank** book [**뱅크북**]
♣ bank는 /
　book은 /

　두 개 뜻을 모으면,
☞
♬

4 **bank** rupt [**뱅크럽트**]
♣ bank는 /
　rupt는 /

☞
♬

8 야구 선수여!
뱉bat을 쳐서 박쥐bat를 잡아라!

1 bat [뱉]

♣ 뱉bat! 이란 / 야구할 때, 쓰는 **방망이**
　– 서양사람 귀에는 **뱉bat!** 하는 소리
　– 동양사람 우리에겐 **딱!** 하는 소리

♬ ① (야구의)뱉bat은 / **방망이**이며
　② **박쥐** 날 때 나는 소리 / 이와 같은 뱉bat! 뱉!
　③ (야구의)뱉과 / **박쥐**bat는 한 식구!

2 bat t le [배틀]

♣ 뱉bat은 / 방망이
　–le는 / [～(무엇)하다] / 동사 접미어

　두 개 뜻을 모으면
☞ 방망이bat로 하는le 일 / 치고받는 일
　그래서 뱉틀battle은
♬ **전투하다, 싸우다** / **싸움** 과 **전투**

3 a bat e [어배이트]

♣ a–는 / 전치사로 **to, at, on, in, of**
　bat은 / 의성어 [부딪는 소리]

　두 개 뜻을 모으면,
☞ ～을a 치다bate– 로서 / 쳐서 없애니
♬ **(～을)감소하다, 약하게 하다**

4 **com bat** [컴뱉]

♧ 컴com-은 / 서로-함께
　뱉bat은 / 방망이

　두 개 뜻을 모으면,
☞ 서로-함께 마주보고 / 방망이bat 휘두르니
　이것이야말로
♬ **싸우다, 전투하다**

5 **com bat ent** [컴배턴트]

♧ 컴뱉combat은 / [싸우다-전투하다]
　언트-ent는 / 접미어로 / [사람]의 뜻

　두 개 뜻을 모으면,
☞ 싸우는 사람 / 전투하는 사람-이니
♬ 누가 봐도 **전투원** / 이랄 수밖에!

6 **de bat e** [디베이트]

♧ 디de-는 / [아래]의 뜻
　뱉bat은 / [방망이]-요
　이-e는 / [～(무엇)하다] / 동사 접미어

　세 개 뜻을 모으면,
☞ [아래]로 내려가게 / [방망이로 치다] 인데
　상대의 의견을 / 방망이로 쳐 내리듯
♬ **토론하다, 논쟁하다** / 이런 뜻 아닌가!

1 **bat** [뱉]

♣

♫ ① (야구의)뱉 bat-은 /
② 박쥐 날 때 나는 소리 /
③ (야구의)뱉-과 /

2 **bat** t le [**배틀**]

♣ bat 은/
-le는 /

두 개 뜻을 모으면

☞

♫

3 a **bat** e [**어배이트**]

♣ a-는 /
bat은 /

두 개 뜻을 모으면,

☞

♫

4 com **bat** [**컴뱉**]

♣ com-은 /
bat은 /

두 개 뜻을 모으면,

5 com **bat** ent [컴**배**턴트]
♣ combat은 /
 -ent는 /

 두 개 뜻을 모으면,
☞
♬

6 de **bat** e [디**베**이트]
♣ de-는 /
 bat은 /
 -e는 / [~(무엇)하다] / 동사 접미어

 세 개 뜻을 모으면,
☞
♬

1 bio logy [바이**아러**쥐]

♧ bio 바이오는 / [생명–생활–삶]의 뜻
logy 러지는 / [학문]이라

두 개 뜻을 모으면,
☞ [생명–생활–삶]의 / [학문]
그것을 일러서
♫ **생물학** 이라!

2 bio graphy [바이**아**그르피]

♧ bio는 / [생명–생활–삶]
graphy 그레피는 / [쓰다]로서

두 개 뜻을 모으면,
☞ [생명–생활–삶]에 관해 / 쓴 것–이니
그것을 말하여
♫ **전기(문학), 일대기**

③ **bio grapher** [바이**아**그레퍼ㄹ]

♧ biography 는 / 전기(문학)–일대기
—er 은 / [사람–사물]–행위자 어미

두 개 뜻을 모으면,
☞ 전기(문학) 쓰는 사람
♬ **전기 작가**

④ **auto bio graphy** [오터바이**어**그러피]

♧ auto 오토는 / [스스로–자신]의 뜻,
bio 는 / [생명–생활–삶]
graphy 는 / [쓰다]로서

세 개 뜻을 모으면,
☞ [스스로–자신]의 / [삶]에 관해
[쓴] 것으로
그것을 말하여
♬ **자서전** / 이라

1 **bio** logy [바이**아**러쥐]
♣ bio는 /
logy는 /

☞
♬

2 **bio** graphy [바이**아**그르피]
♣ bio는 /
graphy는 /

☞
♬

3 **bio** grapher [바이**아**그레퍼ㄹ]
♣ biography는 /
–er은 /

☞
♬

4 auto **bio** grapby [오터바이어그러피]
♣ auto–는 /
bio는 /
graphy는 /

세 개 뜻을 모으면,

☞
♬

10 캠프camp와 캠핑camping은 들판이나 평지에서!!

1 camp fire [캠프파이어ㄹ]

♧ 캠프camp는 / 야영지–야영하다
fire는 / 불–이니

두 개 뜻을 모으면,
☞ 야영지camp서 / 피는 불은
♫ **모닥불** 아닌가!

2 en camp [인캠프]

♧ 인en–은 / 메이크make / 만들다–의 뜻
캠프camp는 / 야영지–로

두 개 뜻을 모으면,
☞ 야영지camp를 만들다en–로
♫ **야영하다, 야영시키다**

3 s camp er [스캠퍼리]

♣ s-는 / [밖]의 뜻,
camp는 / [야영지]
-er는 / [반복]을 뜻하는 동사어미로

세 개 뜻을 모으면,
☞ [야영지] [밖]으로 / [반복]하여 나오다-로
♫ 질겁해서 도망치다, 뛰어다니다,
급히 여행하다
★ [s- : es- : ex- : out]

4 camp aign [캠페인]

♣ 정치적, 사회 운동 / 캠페인은 다들 알지~

캠프camp는 / [야영지]
에인-aign은 / [~것]명사 접미어

두 개 뜻을 모으면,
☞ [야영지]서 하는 것
♫ ① (일련의)전투 훈련 / 작전도 되고
② (정치적, 사회 운동) / 캠페인도 됩니다

5 camp us [캠퍼스]

♧ 대학을 [캠프스] / [캠프스]가 대학!

켐프camp는 / [야영지]
어스–us는 / [~것]명사 접미어

두 개 뜻을 모으면,
☞ [야영지]서 하는 것
옛날의 대학은 / 들판에 있었다(?)
♬ 그래서 대학을 / 캠퍼스, 교정

6 champ ion [챔피언]

♧ 챔피언은 / 이긴 자 / 이긴 자는 / 챔피언

챔프champ는 / [야영지]
캠프camp의 변형–이라
그리고 이온–ion는 / [~것],명사 접미어

두 개 뜻을 모으면,
☞ [야영지]서 하는 것 / 전투뿐인데
거기서 이긴 자를
♬ 챔피온 / 이라!
(싸워서 이긴 자 / 야영지 또는 전투에서
싸워이긴 자)

1 **camp** fire [캠프파이어ㄹ]
♧ camp는 /
　 fire는 /

　 두 개 뜻을 모으면,
☞
♬

2 en **camp** [인캠프]
♧ en-은 메이크make /
　 camp는 /

　 두 개 뜻을 모으면,
☞
♬

3 s **camp** er [스캠퍼ㄹ]
♧ s-는 /
　 camp는 /
　 -er는 /

　 세 개 뜻을 모으면,
☞
♬

4 **camp** aign [캠페인]
♧ camp는 /
　 -aign은 /

두 개 뜻을 모으면,
☞

♫ ① (일련의)
　② (정치적, 사회 운동) /

5 **camp** us　[캠퍼스]
　♣대학 [캠프스] /

　　camp는 /

　♣ -us는 /

　　두 개 뜻을 모으면,
☞

♫

6 **champ** ion [**챔**피언]
　♣ [챔피언]은 /

　　champ는 /
　　camp의 변형-이라
　　그리고 -ion는 /

　　두 개 뜻을 모으면,
☞

♫

 캡cap은 언제나 [머리]요, [우두머리]
정상을 잡아라catch-take

1 cap [캡]

♫ 캡cap은 / [머리]요, [정상]이라!

2 cap it al [캐피털]

♣ cap은 / [우두머리-정상]/ 이며
이ㅌ-it / 얼-al은 / [~의], 형용사 어미

두 개 뜻을 모으면,
☞ 정상(머리cap)의 -ital / 우두머리의
♫ ① 정상의, 으뜸의, 우수한 / 의 뜻
② 현대는 [자본]이 / 으뜸이란 뜻에서
자본의 / 라는 뜻도 함께 합니다

3 cap tain [캡틴]

♣ 캡틴이 우두머리인 것 / 모르면 이상타!

cap은 / [우두머리-정상] / 을 말하며
tain은 / 잡다catch-take로서

두 개 뜻을 모으면,
☞ 우두머리-정상cap을 잡다-쥐다 / 뜻으로
♫ ① 일반적인 의미로는 / 우두머리, 정상
② [배]에 있어 정상은 선장 / 이니라

4 de cap itate [디캡티에이트]

♣ de-는 / [아래]의 뜻

cap은 / [(우두)머리-정상]이요,
-it, -ate는 / [~하다], 동사어미

세 개 뜻을 모으면,
☞ [(우두)머리-정상]을 아래로 하다-로서
머리가 아래로 향했으니
♬ **목을 베다, 참수하고, 해고하니** / 아! 슬프다

5 cap s ule [캡슐]

♣ (약의)캡슐 / (로케트)캡슐 / 들어본 이름들

cap은 / [(우두)머리-정상]의 뜻
s-, -ule는 / [작다]는 지소명사

두 개 뜻을 모으면,
☞ 머리cap가 작은 것
♬ **(약의)캡슐, (로케트)캡슐** / 꼭지 부분 작으니까!

6 cap s ize [캡사이즈]

♣ cap은 / [(우두)머리-정상]이요,
s-, -ize는 / [~하다, 하게하다], 동사접미어

두 개 뜻을 모으면,
☞ [(우두)머리-정상]이 / 되게 하다니
→ 배의 밑바닥이 / 머리 쪽에 온단 말은
♬ (배 따위를)**전복하다, 전복시키다**

7 cap ture [캡춰ㄹ]

♣ cap은 / [(우두)머리-정상]인데
-ture는 / [~하다], 동사접미어

두 개 뜻을 모으면,
☞ [(우두)머리-정상]을 / 잡는다-는 뜻으로
♫ **사로잡다, 획득하다, 빼앗다** / 가 됩니다

8 cap able [케이퍼블]

♣ cap은 / [(우두)머리-정상]인데
-able은 / can으로 [~할 수 있는]

두 개 뜻을 모으면,
☞ [(우두)머리-정상]이 / 되게 할 수 있으니
♫ **유능한, 실력 있는** / 그런 뜻 되지요.

9 cap t ive [캡티브]

♣ cap은 / [(우두)머리-정상]인데
-tive는 / [~하는], 형용사 어미

두 개 뜻을 모으면,
☞ [(우두)머리-정상]을 / 잡는다-가 되어서
♫ **사로잡힌, 포로의, 포로** / 라는 뜻

10 cab bage [캐비지]

♣ 캐비지-양배추는 / 사람의 머리 모양

cab은 / cap의 변형된 모양
[머리]같이 생긴 배추
♫ **양배추, 캐비지**

1   **cap** [캡]
     ♫ [캡]은 /

2   **cap** ital [**캐**피털]
     ♣ cap은 /
       –it –al은 /

       두 개 뜻을 모으면,
     ☞
     ♫ ①
       ②

3   **cap** tain [**캡**틴]
     ♣ cap은 /
       tain은 /

       두 개 뜻을 모으면,
     ☞
     ♫

4 de **cap** itate [디**캡**티에이트]
     ♣ de–는 /
       cap은 /
       –it, –ate는 /

       세 개 뜻을 모으면,
     ☞
     ♫

5 **cap** s ule [**캡슐**]
　　　♣ cap은 /
　　　　s−, −ule는 /

　　　　세 개 뜻을 모으면,
　　　☞
　　　♫

6 **cap** s ize [**캡사이즈**]
　　　♣ cap은 /
　　　　s−, −ize는 /

　　　　두 개 뜻을 모으면,
　　　☞
　　　♫

7 **cap** ture [**캡춰르**]
　　　♣ cap은 /
　　　　−ture는 /

　　　　두 개 뜻을 모으면,
　　　☞
　　　♫

8 **cap** able [**케이퍼블**]
　　　♣ cap은 /
　　　　−able은 /

　　　　두 개 뜻을 모으면,
　　　☞
　　　♫

⑨ **cap** t ive [**캡**티브]
   ♣ cap은 /
      tive는 /

     두 개 뜻을 모으면,
   ☞
   ♬

⑩ **cab** bage [캐비지]
   ♣

     cab은 /

   ♬

1 ex ceed [익씨이드] : [(ex- =out)+(ceed=go)]

♣ ex-는 / 밖(으로 벗어나다)
　ceed는 / 가다-의 뜻

　두 개 뜻을 모으면
☞ 밖(으로 벗어나) / 간다-함이란
　(어떤 범주)벗어나 / 가는 것을 말하여
♫ (한도를)뛰어넘다 / 능가하여, 보다 뛰어나다

2 ex ceed ing [익씨이딩]

♣ exceed 익씨더는 / 능가하다
　-ing는 / [～하는,～의]-형용사 어미

　두 개 뜻을 모으면
☞ 능가하고-지나치니
♫ 훌륭한, 대단한 / 지나친-의 뜻이라

3️⃣ **pro ceed** [퍼러**씨이드**] : [(pro– =앞)+(ceed=go)]

♣ 퍼러pro–는 / 앞–의 뜻
씨이드ceed는 / 가다–로서

두 개 뜻을 모아서,
☞ 앞으로 간다 함은 / 나아가는 것임에
♫ **나아가다, 향해가다** / **계속해서 하다**–의 뜻

4️⃣ **pro ceed ing** [퍼러**씨이딩**]

♣ proceed는 / 나아가다–향해가다
–ing는 / [~것,~함] –명사접미어

두 개 뜻을 모으면,
♫ 나아감→**진행** / **행동, 방식**

5️⃣ **suc ceed** [썩**씨이드**] : [(suc– =under)+(ceed=go)]

♣ suc–는 / 아래–의 뜻
ceed 는 / 가다–로서

☞ 아래로 간다 함은 / 세운 목표 아래로
♫ ① (목표를 이루다) / **성공하다**
② 위에서 아래로 / 내려간다 함에서
상속하다, 계승하다 / 그런 뜻이 되지요.

1 ex **ceed** [익**씨이**드] : [(ex-=out)+(ceed=go

  ♣ ex-는 /
  ceed는 /

  두 개 뜻을 모으면

  ☞
  ♫

2 ex **ceed** ing [익**씨이**딩]

  ♣ exceed는 /
  -ing는 /

  두 개 뜻을 모으면

  ☞
  ♫

3 pro **ceed** [퍼러**씨이**드] : [(pro-=앞)+(ceed=go)]

  ♣ pro-는 /
  ceed는 /

  두 개 뜻을 모아서,

  ☞
  ♫

4 pro **ceed** ing [퍼러**씨이**딩]
　　　♧ proceed는 /
　　　　−ing는 /

　　　　두 개 뜻을 모으면,
　　　♩

5 suc **ceed** [썩**씨이**드] : [(suc−=under)+(ceed=go)]
　　　♧ pro−는 /
　　　　ceed는 /

　　　☞
　　　♩

1 center [센트어ㄹ]

♣ cent(r)는 / 원 그릴 때 / **중심**-되는 자리라
♬ **중심, 중심점 / 중심지, 중심 인물**

2 centr al [센트럴]

♣ centr는 / center와 서로 같은 / 중심
-al은 / [~의], 형용사어미

두 개 뜻을 모으면
♬ **중심의, 중앙의 / 핵심적인, 주요한**

3 con centr ation [컨센트레에이션]

♣ con-이란 / 함께 의 뜻
centr는 / 중심 / 이요
-ation은 / 명사 접미어

☞ 함께, 모두 중심으로 / 모여 있다면
정신을 집중하여 모았다는 말이니 /
♬ **집중** 이며 **정신 통일** /
정신일도하사불성精神—到何事不成

4 ec centr ic [익**센**트릭]

♧ ec-는 / 밖-의 뜻
centr는 / 중심 / 이고
-ic는 / ~(무엇)의 / 란, 형용사 어미

세 개 뜻을 모으면,
☞ 중심에서 밖(으로 / 벗어)났으니
괴벽스런 행동이나 / 별난 짓이라
♬ 별난, 별난 사람, 괴벽스러운!

1 center [센트어ㄹ]
    ♣ cent는 / 원 그릴 때 /
    ♬

2 **centr** al [센트럴]
    ♣ centr는 /
      -al은 /

      두 개 뜻을 모으면
    ♬

3 con **centr** ation [컨센트레에이션]
    ♣ con-이란 /
      centr는 /
      -ation은 /

    ☞
    ♬

4 ec **centr** ic [익센트릭]
    ♣ ec-는 /
      centr는 /
      -ic는 /

      세 개 뜻을 모으면,
    ☞
    ♬

14 교훈precept이란 중간에서 가로채는 것?

1 ac cept [억셉트] [(ac-=to)+(cept=take, catch)]

♧ ac-는 / ~을, 전치사역할
cept는 / 가지다-취하다

두 개 뜻을 모으면,
☞ ~을 가지다, 취하다-로
(상대 뜻을)취하다, 받아들이니
♫ 수락하다, 순응하다 / 믿다, 용인하다

2 ac cept ance [억셉턴스]

♧ accept는 / 수락하다, 순응하다
믿다, 용인하다
-ance는 / ~함, ~것 / 명사접미어

두 개 뜻을 합하면,
♫ 수락하다
☞ 수락함, 수락, 수납, 용인

3 con cept [컨셉트]

♧ con-은 / [함께-여럿]
cept는 / 가지다-취하다

두 개 뜻을 모으면,
☞ [함께-여럿] 가지다-로
(이것저것 여럿을)함께 가진 것
♫ 철학으로 말하면 / 개념-이지요

④ **ex cept** [익셉트] [(ex-=out)+(cept=take, catch)]

♣ ex-는 / 밖-의 뜻
cept는 / 가지다-취하다

두 개 뜻을 모으면,
☞ 밖으로 취하다, 밖으로 가져가다
밖으로 가져가니 / 제외하다-뜻에서
♫ **제외하다, 빼놓다**

⑤ **ex cept ion** [익셉션]

♣ except는 / 제외하다
-ion은 / ~함, 것 / 명사접미어 /

두 개 뜻을 모으면,
☞ 제외하다의 명사형
♫ **제외함, 제외 / 예외**-라는 뜻

⑥ **inter cept** [인터ㄹ셉트]

♣ inter-는 / 사이-중간
cept는 / 가지다-취하다 = catch

두 개 뜻을 모으면
☞ 중간에서 가져가니
♫ **가로채다, 가로막다** / 그런 뜻이지

7 inter cept ion [인터ㄹ**셉**션]

♧ intercept는 / 가로채다, 가로막다
―ion은 / ~함, ~것 / 명사접미어

두 개 뜻을 모으면
♫ 가로채다의 명사형
☞ **가로챔, 가로막음, 차단** / 이오!

8 pre cept [프리**셉**트]

♧ pre―는 / 앞 의 뜻
cept는 / 가지다―취하다

두 개 뜻을 모으면
☞ 앞에다 가져 오다 / 앞에다 놓다―로
♫ **교훈**이나 **격언**은 / 삶이나 생활 앞에
갖다 놓은 것

9 pre cept or [프리**셉**터ㄹ]

♧ precept는 / 교훈―격언 / 교육―의 뜻
―or은 / 사람―사물 / [행위자]어미

두 개 뜻을 모으면,
♫ 교훈(을 주는)사람
☞ **교훈자, 교사**

1 ac **cept** [억셉트]
♣ ac-는 /
cept는 /

두 개 뜻을 모으면,
☞

♪

2 ac **cept** ance [억셉턴스]
♣ accept는/
-tance는/

두 개 뜻을 합하면,
♪

3 con **cept** [컨셉트]
♣ con-은 /
cept는 /

두 개 뜻을 모으면,
☞

♪

4 ex **cept** [익셉트]
♣ ex-는/
cept는/

두 개 뜻을 모으면,
☞

♫

5　ex **cept** ion [익**셉**션]
　　　♣ except는 /
　　　　-ion은 /

　　　두 개 뜻을 모으면,
☞
♫

6　inter **cept** [인터ㄹ**셉**트]
　　　♣ inter-는 /
　　　cept는 /

　　　두 개 뜻을 모으면
☞
♫

7　inter **cept** ion [인터ㄹ**셉**션]
　　　♣ intercept는 /
　　　　-ion은 /

　　　두 개 뜻을 모으면
♫

8 pre **cept** [프리**셉트**]
♣ pre-는 /
cept는 /

두 개 뜻을 모으면
☞
♫

9 pre **cept** or [프리**셉터ㄹ**]
♣ precept는 /
-or은 /

두 개 뜻을 모으면,
♫

1 circ us [써ㄹ커스]

♣ 써ㄹ커스 circus라 하면은 / **곡마단**- 인데
동내의 빈터에 / 둥글게 천막치고

말 타고 자전거로 / 둥근 원을 그리던
♫ 써커스 circus를 / 그 누가 모르랴!

2 circ um stance [써ㄹ컴스턴스] [stand round]

♣ circ 써ㄹ크는 / [원-둘레]
um 은 / 중간접사
stance 스텐스는 / [서 있는 것]

세 뜻을 모으면,
☞ [원-둘레]에 / [서 있는 것]
(자신의)둘레에 / 서 있는 것이니
♫ **사정, 상황** / **환경**-이며
처지, 형편 / 따위라

3 circl e [써클]

♣ 써클은 동그라미 / [원]의 뜻이라
여러 사람 모여 이룬 / **단체**도 써클이요 /
여러 단체 모여 이룬 / **사회**도 써클이라 /

빙글빙글 도는 것도 / 써클 이라서
♫ **원, 집단, 사회**-요 / **회전하다**-이니라

④ en circl e [인**써**클]

♣ 인 en-은 / [만들다], 동사접두어
써클 circle은 / 둥근 것 / 둥글다-동그라미

두 개 뜻을 모으면
☞ 둥글게 만들다-니
♬ (울타리로)**에워싸다** / (편지 따위)**봉하다**

⑤ circul ate [**써**큐레이트]

♣ 써클 circul은 / 동그라미 / 〈원〉의 뜻이라
에이트 -ate은 / [～하다], 동사접미어

두 개 뜻을 모으면,
☞ 동그라미 / 〈원〉이 되게 / 하다-이니까
빙글빙글 돌아가게 하다-가 되어
♬ **회전하다, 순환하다, 회람시키다**

6   cycle [싸이클]

  ♣ 싸이클cycle은 / 자전거 / 삼척동자도 아는데
    cycle 바퀴는 / 스스로 혼자서 / 구른다–하여
    ♫ **자전거**–라 하는 것 / 당연한 이치

7 **bi cycle** [바이씨클]

  ♣ 바이bi는 / 둘–두 개
    싸이클cycle은 / 자전거

  ♫ 원래부터 **자전거** 란 / 바퀴 두 개 가진 것
    그러나 발음은 / **바이씨클**

8 **tri cycle** [트라이**싸**이클]

  ♣ 트라이tri는 / 셋–이고
    싸이클cycle은 / 자전거라

  두 개의 뜻을 모으면
  ♫ **세 발 자전거**

1 **circ** us [**써ㄹ**커스]
♣ circus라 하면은 /
동내의 빈터에 /

말 타고 자전거로 /
♫

2 **circ** um stance [**써ㄹ**컴스턴스] [stand round]
♣ circ는 /
um은 /
stance는 /

세 뜻을 모으면,
☞

♫

3 **circl** e [써클]
♣ 써클은 동그라미 /
여러 사람 모여 이룬 /
여러 단체 모여 이룬 /

빙글빙글 도는 것도 /
♫

4 en **circl** e [인써클]
♣ en–은 /
circle은 /

두 개 뜻을 모으면

☞

♫

5 circul ate [써큐레이트]
　　♣ circul은 /
　　　-ate은 /

　　　두 개 뜻을 모으면,
　　☞

　　♫

6　cycle [싸이클]
　　♣ cycle을 /
　　　cycle바퀴는 /
　　♫

7 bi cycle [바이씨클]
　　♣ bi는 /
　　　cycle은 /
　　♫
　　　그러나 발음은 /

8 tri cycle [트라이싸이클]
　　♣ tri는 /
　　　cycle은 /
　　♫ 세 발 자전거

16 [절정]의 클라이맥스 climax와 클라인 cline은 한 가족

1 clim ax [클라이맥스]

♧ cli 클라이, clim 클라임은
정상에서 [기울다]
−ax 는 / [명사 역할], 별 의미 없고

☞ [정상]에서 [기울음]
♬ 그래서 **최고조** / **절정**의 **클라이맥스**라!

2 de clin e [디클라인]

♧ de− 는 / [아래]의 뜻
cline 은 / [기울다]

두 개 뜻을 모으면,
☞ 아래]로 [기울다]
→(마음이나 운세가)아래로 기울으니
♬ **쇠퇴하다, 타락하다** / **기울(이)다**—아닌가!

③ in clin e [인클라인]

♣ 인in-은 / 안 의 뜻/
클라인cline은 / 기울다/

두 개 뜻을 모으면,
☞ 안으로 기울다
(마음이)안으로 / 기웃기웃 기울어
♬ (무엇인가)할 마음이 생기게 하다

④ re clin e [리클라인]

♣ 리re-는 / [뒤]-라는 뜻
클라인cline은 / 기울다

두 개 뜻을 모으면,
☞ [뒤]로 기울다
→ (벽에다 등을 대고) / 뒤로 기울다
♬ (등을 대고)기대다, 기대게 하다

1 **clim** ax [클라이맥스]

    ♣ cli, clim은

        -ax는 /

    ☞

    ♬

2 de **clin** e [디클라인]

    ♣ de-는 /

      cline은 /

      두 개 뜻을 모으면,

    ☞

    →

    ♬

3 in **clin** e [인클라인]

    ♣ in-은 /

      cline은

      두 개 뜻을 모으면,

    ☞

    ♬

4 re **clin** e [리클라인]

    ♣ re-는 /

      cline은 /

      두 개 뜻을 모으면,

    ☞

    →

17 소리치는 것이 claim:cry 절규인가, 선언인가!

1 claim [클레임]

♧ 클레임 claim / 원래 뜻은 / [당연히 할 말 하다]
☎ **외치며, 주장하며**
요구하며-큰소리치다

2 claim able [클레임어블]

♧ claim은 / 소리치다-외치다-주장하다
어블-able은 / ~할 수 있는
능력표시 / 형용사 어미

☎ 소리치고-요구하고 / 주장할 수 있는 일!
♧ ① **요구할 수 있는**(것)
② **주장할 수 있는**(것)

3 ex claim [익스클레임]

♧ ex-는 / 밖-이요,
클레임 claim은 / 소리치고-외치고-주장하다-니

두 개 뜻을 모으면,
☞ 밖으로 (향하여) / 소리치니-까
☎ **소리쳐 말하다**, (감탄하여)**외치다** / 그런 뜻이라

4 **ex claim ation** [익스클레임에이션]

♣ exclaim은 / 소리쳐 말하다 / 외치다
-ation은 / 명사접미어 / ～함,～것

두 개 뜻을 모으면,
☎ 소리치다
☞ **소리침 / 외침, 절규**–라

5 **pro claim** [프로클레임]

♣ pro–는 / 앞 의 뜻
클레임claim은 / 소리치다–외치다–주장하다

두 개 뜻을 모으면,
☞ (여러 사람)앞에서 / 소리치다–되어서
☎ **선언하다, 공포하다** / 그런 뜻이라

6 **pro claim ation** [프로클레이**메**이션]

♣ proclaim은 / 선언하다–공포하다
-ation은 / 명사접미어 / ～함,～것

두 개 뜻을 모으면,
☎ 선언하다
☞ **선언, 공포**

7 re claim [리클레임]

> ♣ re–는 / 다시–도로–되–의 뜻
> claim은 / 소리치다–외치다–주장하다–뜻이니
>
> 두 개 뜻을 모으면,
> ☞ (잘못된 것)다시(하게) / 소리치다(말하다)–로
> ☎ (올바른 상태가) **되게 하다, 개선하다**

8 re claim ation [리클레임에이션]

> ♣ reclaim은 / (올바른 상태로)
> 되게 하다–개선하다
> –ation은 / ～함,～것 / 명사접미어
>
> 두 개 뜻을 모으면,
> ☎ (올바른 상태가) **되게 함, 개선, 회복**

1 **claim** [클레임]
♣ claim / 원래 뜻은 /
☎

2 **claim** able [클레임어블]
♣ claim은 /
　　-able은 /

　　☎
　　♣ ①
　　　 ②

3 ex **claim** [익스클레임]
♣ ex-는 /
　claim은 /

　두 개 뜻을 모으면,
☞
☎

4 ex **claim** ation [익스클레임에이션]
♣ exclaim은 /
　　-ation은 /

　　두 개 뜻을 모으면,
　　☎

5 pro **claim** [프로클레임]
    ♣ pro-는 /
    claim은 /

    두 개 뜻을 모으면,
    ☞
    ☎

6 pro **claim** ation [프로클레이**메**이션]
    ♣ proclaim은 /
    -ation은 /

    두 개 뜻을 모으면,
    ☎

7 re **claim** [리클**레**임]
    ♣ re-는 /
    claim은 /

    두 개 뜻을 모으면,
    ☞
    ☎

8 re **claim** ation [리클레임**에**이션]
    ♣ reclaim은 /
    -ation은 /

    두 개 뜻을 모으면,
    ☎

1 con clude [컨클루-드]

♣ 컨 con-은 / [모두-함께] / 뜻이며
클루-드 clude는 / [닫다]-의 뜻이라

두 개 뜻을 모으면,
☞ [모두-함께] [닫다]-로서
모두-함께 / (생각 모아 입을)닫으니
☎ **결정하다, 결론짓다 / 마치다**-가 됩니다.

2 ex clude [익스클루-드]

♣ 익스 ex-는 / [밖]의 뜻
clude는 / 닫다 / 의 뜻

두 개 뜻을 모으면,
☞ 밖으로 (내보내고 / 못 들어오게) / 닫았으니
☎ **제외하다, 배척하다** / 그리됩니다.

③ in clude [인클루―드]

♣ 인 in―은 / 안에 / 라는 뜻이고
clude는 / 닫다―가 되니

두 개 뜻을 모으면,
☞ 안에 넣고 못 나오게 / 닫아버리니
☎ **포함하다, 넣다** / 가 당연한 뜻이라!

④ se clude [시클루―드]

♣ 시 se―는 / 분리―이며
clude는 / 닫다―로서

두 개 뜻을 모으면,
☞ 만나지 못하게 / 분리 시켜 닫으니
☎ **격리시키다, 은퇴시키다** / 그런 뜻이랍니다.

1 con **clude** [컨클루-드]
♣ con-은 /
clude는 /

☞

☎

2 ex **clude** [익스클루-드]
♣ ex-는 /
는 /

두 개 뜻을 모으면,

☞

☎

3 in **clude** [인클루-드]
♣ in-은 /
clude는 /

두 개 뜻을 모으면,

☞

☎

4 se **clude** [시클루-드]
♣ se-는 /
clude는 /

☞

☎

19 커버cover의 원래 뜻은 감추고 씌우는 것!

1 cover [커버]

♧ 커버cover / [감추다, 씌우다]가 / 본래의 뜻
☎ 덮다, 씌우다 / 로 쓰인답니다.

2 dis cover [디스커버리]

♧ 디스dis-는 / 벗기다-의 뜻
　 cover는 / 씌우다-로

두 개 뜻을 모으면,
☞ 커버cover한 것 / 벗겨서-감춘 것이 드러나니
☎ 알게 되다, 깨닫다 / 발견하다- 뜻이라

3 un cover [언커버리]

♧ 언un-은 / 반대-의 뜻
　 cover는 / 씌우다-로

두 개 뜻을 모으면,
☞ 안 씌우고 나니까 / 드러나 보여서
☎ 밝히다, 폭로하다 / 덮개를 벗기다

1 **cover** [커버]
♣ cover는 /
☎

2 dis **cover** [디스커버ㄹ]
♣ dis–는 /
cover는 /

두 개 뜻을 모으면,
☞
☎

3 un **cover** [언커버ㄹ]
♣ un–은 /
cover는 /

두 개 뜻을 모으면,
☞
☎

1 레크리에이션 [recreation]

recreat|ion

♣ 휴식하다(recreate)+ 명사어미(–ion)
☎ ① 휴식함→휴식
　② 기분 전환

2 re create [레크리에이트]

♣ 리re–는 / [다시–도로–되]의 뜻
　크리에이트create의미는 / [창조하다]–뜻이라

두 개 뜻을 모으면,
☞ [다시–도로] [창조하다] / 뜻이 되어서
　피곤에 지친 마음 / 다시–도로–창조 하니
☎ **기분 전환시키다, 휴양시키다**

3 cre|ate [크리에이트]

♣ cre는 / [만들다–생기다]
　–ate는 / [~하다], 동사접미어

두 개 뜻을 모으면,
☞ [만들다–생기게] [~하다]로서
　맨 처음 무엇인가 / 만들어 생기니
☎ **창조하다, 창작하다 / 설립하다**–입니다

4 **creat or** [크리에이ㅌ어ㄹ]

♧ create는 / [창조하다–설립하다]
  –or은 / [사람–사물], 행위자 어미

  두 개 뜻을 모으면,
☞ 창조하는 사람–or 이니
☏ **창조주, 조물주 / 하나님**–이라

5 **con create** [**칸**크리에이ㅌ]

♧ con–은 / [여럿–함께]
  create는 / [창조하다–설립하다]

  두 개 뜻을 모으면,
☞ [여럿–함께] / 엉켜서[만들다]–로
  엉켜 붙다, 굳어지다–로
☏ **콘크리트, 응고물 / 굳어지다, 고체의**

1 레크리에이션–[recreation]은,

recreation
   ♣ 휴식하다(recreate)+ 명사어미(–ion)
   ☎ ①
      ②

2 re **create** [레크리에이트]
   ♣ re–는 /
      create의미는 /

      두 개 뜻을 모으면,
   ☞
   ☎

3 **cre** ate [크리에이트]
   ♣ cre는 /
      –ate는 /

      두 개 뜻을 모으면,
   ☞
   ☎

4 **creat** or [크리에이트어르]
   ♣ create는 /
      –or은 /

      두 개 뜻을 모으면,
   ☞
   ☎

5 con **create** [칸크리에이트]

♣ con-은 /
create는 /

두 개 뜻을 모으면,

1 cur r ent [커어런트]

♣ 커르cur은 / [흐르다]
–ent는 / [~하는, ~의],형용사 어미

두 개 뜻을 모으면,
☞ 흐르고 흐르는 / 지금 흐르고 있으니
☎ **현재의, 지금의** / 뜻이 됩니다

2 con cur [컨커르]

♣ 컨con–은 / [서로–함께–여럿]/의 뜻
컬cur은 / [흐르다–달리다]

두 개 뜻을 모으면,
☞ 서로–함께 흐르고 달리니
☎ 서로–함께 달리므로
☞ **협력하다, 일치하다
동시에 일어나다**

3 in cur [인커르]

♣ 인in–은 / [안으로]
컬cur은 / [흐르다–달리다]

두 개 뜻을 모으면,
☞ [안으로] [흐르다 / (안으로)달리다]–로
(위험–불행)안으로 / 뛰어들다–뜻으로
☎ **(손해를)입다, (위험, 불행)초래하다**

4 **oc cur** [오커ㄹ]

♧ oc–는 / [to, at, on, in, of]
　 cur은 / 흐르다–달리다

　 두 개 뜻을 모으면,
☞ 한 쪽으로 oc– 달리다 cur / 흐르다–의미로
　 (마음이 한 쪽으로) / 달리고–흐르니
☎ **마음에 떠오르다, 생각이 나다**
　 일어나다, 발생하다

5 **re cur** [리커ㄹ]

♧ re–는 / 다시–도로–되/ 의 뜻
　 cur은 /흐르다–달리다

　 두 개 뜻을 모으면,
☞ 다시–도로–되 / 흐르고
　 (생각 따위가)다시–도로–되 / 흐르니
☎ **회상하다, 반복되다 / 되돌아가다**

1 cur r ent [**커**어런트]
　　♣ cur은 /
　　　–ent는 /

　　　두 개 뜻을 모으면,
　　☞
　　☎

2 con **cur** [컨커ㄹ]
　　♣ con–은 /
　　　cur은 /

　　　두 개 뜻을 모으면,
　　☞
　　☎

3 in **cur** [인커ㄹ]
　　♣ in–은 /
　　　cur은 /

　　　두 개 뜻을 모으면,
　　☞
　　☎

4 oc **cur** [오커ㄹ]
　　♣ oc–는 /
　　　cur는 /

　　　두 개 뜻을 모으면,

5 re **cur** [리커ㄹ]

♣ re-는 /
　cur은 /

　두 개 뜻을 모으면,

1 mani cure [매니큐어]

♣ 매니mani-는 / [손]의 뜻
큐어cure는 / [주의-조심-치료]요

☞ [손]에 대한/ [주의-조심-치료]이니
손에 대한 주의와 / 손을 보살피는 것
☎ 매니큐어 / 붉은 색은 / 손을 치료한 것임!

2 cur able [큐러블] [(cure)+(-able)]

♣ cure는 / [치료하다]
-able은 / [가능] 의 뜻

두 개 뜻을 모으면,
☞ 치료가 가능하니
☎ 치료할 수 있는 / 것

3 cure less [큐어러스] [(cure)+(-less)]

♣ cure 는 / 치료하다
리스 -less는 / ~없다(less)

☞ 치료할 수 없으니
☎ 불치-의 뜻/ 입니다

4 pro cure [프러**큐어ㄹ**]

♣ 프러pro-는 / [앞-먼저] 접두어
큐어cure는 / 주의-조심-치료-요

두 개 뜻을 모으면,
☞ [앞]의 것을 주의하여 / 취하다 / 가 되어서
☎ **마련하다, 획득하다, 조달하다** / 인 것을

5 se cure [시**큐어**]

♣ 시se-는 / [분리]의 뜻
큐어cure는 / 주의-조심-치료

☞ 주의-조심 / 에서 분리
그리하여 / 걱정이 없는-상태 되니
☎ **안전한, 견고한** / 뜻이 됨이라

6 ac cur ate [에**큐리ㅌ**]

♣ ac-는 / [to-at-on-in-of]
큐어cure는 / 주의-조심-치료

두 개 뜻을 모으면,
☞ (~을)주의하는 / 주의-조심하므로
☎ **정확한, 엄격한 / 한 치의 오차 없는**

7 inac cur ate [인**에큐리ㅌ**]

♣ in-은 / [not]의 뜻
에큐리ㅌaccurate는 / [정확한-엄격한]

두 개 뜻을 모으면,
☎ **정확하지 않은 / 틀린** / 것이라

1 mani **cure** [매니큐어]
   ♣ mani-는 /
     cure는 /

     두 개 뜻을 모으면,
   ☞
   ☎

2   **cur** able [큐러블] [(cure)+(-able)]
   ♣ cure는 /
     -able은 /

     두 개 뜻을 모으면,
   ☞
   ☎

3 **cure** less [큐어러스] [(cure)+(-less)]
   ♣ cure는 /
     -less는 /

   ☞
   ☎

4 pro **cure** [프러**큐어ㄹ**]
   ♣ pro-는 /
     cure는 /

     두 개 뜻을 모으면,
   ☞

5 se **cure** [시큐어]

 ♣ se–는 /

6 ac **cur** ate [에큐리트]

 ♣ ac–는 /
  cure는 /

  두 개 뜻을 모으면,

7 in ac **cur** ate [인에큐리트]

 ♣ in–은 /
  accurate는 /

  두 개 뜻을 모으면,

1 dem o|cracy [디마크러시]

♧ 뎀dem은 / [민중–대중]
크러시cracy는 / [정치]라

두 개 뜻을 모으면,
☞ 민중dem이 / 하는 정치cracy
☎ **민주주의, 민주정치** / 누구나 좋아하지!

2 dem ocrat [디마크래트]

♧ democracy + (at : 행위자)

democracy는 / [민주주의]
–at는 / [행위자] 접미어

두 개 뜻을 모으면,
☞ 민주주의democracy / (원)하는 자(–at)

☎ **민주주의자**

3 epi dem ic [에피데미크]

♧ 에피epi–는 / [사이–속]
데미크demic은 / [민중의]

두 개 뜻을 모으면,
☞ 민중dem의 –ic 사이epi–를
왔다갔다 하는 것/ 그런 병을 일러서
☎ ① **전염병, 유행병**
② **유행성의**–것

1 **dem** o cracy [디**마**크러시]
    ♣ dem은 /
      cracy는 /

      두 개 뜻을 모으면,
      ☞
      ☎

2 **dem** ocrat [디**마**크래ㅌ]
    ♣ democracy + at:행위자

    democracy는 /
    –at는 /

    두 개 뜻을 모으면,
    ☞
    ☎

3 epi **dem** ic [에피**데**미ㅋ]
    ♣ epi–는 /
      demic은 /

    두 개 뜻을 모으면,
    ☞
    ☎ ①
      ②

1 dict ate [딕테이트]

♧ 딕트 dict는 / 말하다 /
에이트 –ate은 / ~하다 / 동사 어미

두 개의 뜻 모으면
☞ (~하라고/ 입으로)말하다–로
☎ **말하다, 구술하다** / 뜻이 되면서
지시하다, 받아쓰게 하다 / 뜻도 됨이라.

2 dict at or [딕테이터ㄹ] [(dict–)+(–ate)+(–or)]

♧ 딕테이트 dictate은 / 말하다–지시하다
–or 은 / [행위자]로 [~하는 사람]

두 개 뜻을 모으면,
☞ 이리하라, 저리하라 / 말 만 하는 사람
그런 사람 말하여
☎ **독재자** / 라 하니라

3 dict ion [딕션]

♧ 딕트 dict는 / 말하다
–ion은 / [무엇 함, 무엇 것], 명사 접미어

두 개 뜻을 모으면,
☞ 말하는 것–말하는 법
☎ **어법, 발성법** / **말씨**–가 되죠

④ **dict ion ary** [딕셔네어리]

♣ 딕션 diction / 어법–발성법–말씨
　 –ary 는 / 모아놓은 것

☞ 말–말법 따위를 / 모은 것
☎ 사전 / 이 바로 그런 것!

⑤ **contra dict** [칸트러딕트]

♣ 칸트러 contra– 는 / [반대] 의 뜻
　 dict 는 / [말하다]

☞ 반대 하여 말하다
☎ 반박하다, 부인하다

⑥ **pre dict** [프리딕트]

♣ 프리 pre– 는 / [앞–먼저–미리]의 뜻
　 dict 는 / 말하다

　 두 개 뜻을 모으면,
☞ 앞(일에 대하여)먼저–미리 말하니
☎ 예언하다 / 입니다.

⑦ **pre dict or** [프리딕트얼]

♣ 프리딕트 predict 는 / [예언하다]
　 –or 은 / [행위자]로 [사람]이라서

　 두 개 뜻을 모으면,
☞ 예언하는 사람–이니
☎ 예언자–입니다.

8 pre dict able [프리딕트벌]

♣ 프리딕트predict는 / [예언하다]의 뜻
어블–able은 / [~할 수있는], 형용사 어미

두 개 뜻을 모으면,
☞ [예언하다] 할 수 있는
☎ 정리해서 말하면 / **예언할 수 있는**

9 ver dict [버어ㄹ딕트]

♣ 버얼ver은 / [진실]이며
딕dict는 / [말하다]로

☞ [진실]을 [말하다]로
☎ **판단, 판결**–입니다

10 ab dic ate [어브디케이ㅌ]

♣ ab–는 / [분리]의 뜻
dic은 / [말하다] –ate는/ [~하다],동사 어미

세 개 뜻을 모으면
☞ 분리를 말하다–로
(왕권)분리 / 말하니
☎ (왕권, 권리를) / **버리다, 포기하다**

11 de dic ate [데디케이ㅌ]

♣ de–는 / [아래]의 뜻
dic는 / 말하다
–ate는 / ~하다 / 동사 어미

세 개 뜻을 모으면
☞ (어떤 곳)아래 에 / (놓아두라)말하다
(신의 제단 그)아래 / 놓아둬라 말함이니
☎ 바치다, 봉납하다 / 그런 뜻이 됩니다.

12 de dic ation [데디케이션]

♧ dedicate 는 / 바치다-봉납하다/
-ion은 / [~함] / 명사 접미어

☎ 바침, 봉납 / 뜻입니다.

13 de dic at or [데디케이터ㄹ]

♧ dedicate 는 / 바치다-봉납하다
-or은 / 사람- 의 뜻

☞ 봉납하는 사람 /이니
☎ 봉납자, 헌납자

14 in dic ate [인디케이ㅌ]

♧ in-은 / [전치사]요
dic 는 / [말하다]며
-ate 는 / [~하다], 동사어미

세 개 뜻을 모으면,
☞ ~을 향해 말하다 / 알려주다-지시하니
☎ 가리키다, 지시하다, 넌지시 알리다

15 doc u ment [도큐먼트]

♣ doc는 / [말하다]며
  –ment는 / [~것], 명사어미

☞ (잘) 말doc 해 주는 것–ment
→ 어떤 내용에 관해 / 잘 말해(=가르쳐)주는 것
☎ 서류, 문서 / 랍니다

16 doc t or [닥더어ㄹ]

♣ doct는 / [말하다]
  –or은 / [행위자]

두 개 뜻을 모으면,
☞ 잘 말doct해 주는 사람–or
  건강이나 학문 따위 / 잘 말해주는 사람
☎ 박사, 의사 / 입니다

1 **dict** ate [딕테이ㅌ]
     ♣ dict는 /
      -ate은 /

      두 개의 뜻 모으면
     ☞
     ☎

2 **dict** at or [딕**테**이터ㄹ] [(dict-)+(-ate)+(-or)]
     ♣ dictate은 /
      -or은 /

      두 개 뜻을 모으면,
     ☞
     ☎

3 **dict** ion [**딕**션]
     ♣ dict는 /
      -ion은 /

      두 개 뜻을 모으면,
     ☞
     ☎

4 **dict** ion ary [**딕**셔네어리]
     ♣ diction은 /
      -ary는 /

     ☞

☎

5 contra **dict** [칸트러딕트]
  ♣ contra- 는 /
    dict는 /

☞

☎

6   pre **dict** [프리딕트]
  ♣ pre-는 /
    dict는 /

    두 개 뜻을 모으면,

☞

☎

7   pre **dict** or [프리딕트어ㄹ]
  ♣ predict는 /
    -or은 /

    두 개 뜻을 모으면,

☞

☎

8   pre **dict** able [프리딕트벌]
  ♣ predict는 /
    able은 /

    두 개 뜻을 모으면,

☞

☎

9 ver **dict** [버얼딕트]
♣ ver은 /
dict는 /

☞
☎

10 ab **dic** ate [어브디케이트]
♣ ab–는 /
dic은 / –ate는 /

세 개 뜻을 모으면
☞
☎

11 de **dic** ate [데디케이트]
♣ de–는 /
dic는 /
–ate /

세 개 뜻을 모으면
☞
☎

12 de **dic** ation [데디케이션]
♣ dedicate는 /
–ion은 /

두 개 뜻을 모으면,
☎

13 de **dic** at or [데디케이터ㄹ]
♣ dedicate는 /
–or은 /

☞
☎

14 in **dic** ate [인디케이트]
♣ in-은 /
dic 는 /
-ate 는 /

세 개 뜻을 모으면,
☞

☎

15 **doc** u ment [도큐먼트]
♣ doc 는 /
-ment 는 /

☞

→ 어떤 내용에 관해서 /
☎

16 **doc** t or [닥더어ㄹ]
♣ doct 는 /
-or은 /

두 개 뜻을 모으면,

☞

☎

1 con duc e [컨듀우스]

♧ con-은 / [여럿-함께]
　 duc(e)는 / [이끌다]

　 두 개 뜻을 모으면,
☞ 여럿이 / 함께 이끌다
☎ (좋은 결과로)**이끌다, 이바지하다, 공헌하다**

2 con duc t [컨덕트]

♧ conduct는 / conduce의 명사형
☎ (좋은 결과로) / 이끌어 주는 것-은
　 (도덕상으로 본)**행위, 행실 / 관리, 안내**

3 con duc t or [컨덕트얼]

♧ conduct는 / 행위, 행실 / 관리, 안내
　 -or은 / 행위자로 [사람-사물] / 가리키고

　 두 개 뜻을 모으면,
☞ [관리-안내] 하는 사람
☎ **안내자, 지휘자**

4 de duc e [디듀우스]

♧ de-는 / 아래로
　 duce는 / 이끌다

두 개 뜻을 모으면,
☞ 아래로 이끌다 / 로
☎ **끌어내(리)다, 추론하다**

5 e duc e [이듀우스]

♧ e-는 / 밖으로
　 duce는 / 이끌다

두 개 뜻을 모으면,
☞ 밖으로 이끌다 / 에서
☎ (잠재된 능력, 성격 / 밖으로)**끌어내다, 추출하다**

6 e duc ate [이듀케이트]

♧ educe는 / 끌어내다
　 -ate는 / [～하다], 동사접미어

두 개 뜻을 모으면,
☞ 밖으로 끌어내다
　 (잠재된 능력/ 가능성을)끌어내니
☎ **교육하다** 가 아닌가!

e duc ation [이듀케이션]

♧ educate의 명사형
☎ **교육**

7 in duc e [인듀우스]

♧ in-은 / 안으로
　 duce는 / 이끌다

두 개 뜻을 모으면,
☞ 안으로 이끌다-안으로 이끄니
☎ 유도하다, 유도하여 ~하게 하다
설득하여 ~시키다

8 intro duc e [인트로**듀**우스]

♣ intro-는 / 안 쪽으로
duce는 / 이끌다

두 개 뜻을 모으면,
☞ 안쪽으로 이끌다 / 안으로 끌어 들이니
☎ 도입하다, 들여오다 / 소개하다-라

9 intro duc tion [인트로**덕**션]

♣ introduce의 명사형
☎ 도입 / 채용 / 소개 / 입문-이라

10 pro duc e [프러듀스]

♣ pro-는 / [앞]의 뜻,
duce는 / [이끌다]

두 개 뜻을 모으면,
☞ [앞]으로 [이끌다] / 이끌어내다
☎ 꺼내다, 생산하다 / 제시하다-입니다

pro duc tion [프러**덕**션]

♣ produce의 명사형
☎ 생산, 제조 / 제작-입니다

11 re duc e [리듀우스]

♣ re-는 / 다시-도로-되 /
duce는 / 이끌다

두 개 뜻을 모으면,
☞ 다시-도로-되 / 이끄니 / 본 상태로 이끌다
☎ (원 상태로 / 환원하다-돌아가게 하다
줄이다, 축소하다

re duc tion [리덕션]

♣ reduce의 명사 형
☎ **삭감, 축소**

12 se duc e [시듀우스]

♣ se-는 / [분리]의 뜻
duce는 / [이끌다]

두 개 뜻을 모으면,
☞ [분리]하여 [이끌다]
떨어진 다른 곳에 / 이끌다-함은
☎ **유혹하다, 부추기다** / 뜻이 됩니다

se duc tion [시덕션]

♣ seduce의 명사형으로
☎ **유혹, 유괴** / 뜻이 됩니다

1 con **duc** e [컨**듀**우스]
    ♧ con-은 /
    duc(e)는 /

    두 개 뜻을 모으면,
    ☞
    ☎

2 con **duc** t [**컨덕트**]
    ♧ conduct는 /
    ☎

3 con **duc** t or [**컨덕트**얼]
    ♧ conduct는 /
    ─or은 /

    두 개 뜻을 모으면,
    ☞
    ☎

4 de **duc** e [디**듀**우스]
    ♧ de─는 /
    duce는 /

    두 개 뜻을 모으면,
    ☞
    ☎

⑤ e **duc** e [이듀우스]
　　　♧ e-는 /
　　　　duce는 /

　　　　두 개 뜻을 모으면,
　　　☞
　　　☎

⑥ e **duc** ate [이듀**케**이**ㅌ**]
　　　♧ educe는 /
　　　　-ate는 /

　　　　두 개 뜻을 모으면,
　　　☞
　　　☎

e **duc** ation [이듀**케**이션]
　　　♧ educate의 형
　　　☎

⑦ in **duc** e [인**듀**우스]
　　　♧ in-은 /
　　　　duce는 /

　　　　두 개 뜻을 모으면,
　　　☞
　　　☎

⑧ intro **duc** e [인트로**듀**우스]
　　　♧ intro-는 /
　　　　duce는 /

두 개 뜻을 모으면,

☞

☎

⑨ intro **duc** tion [인트로**덕**션]
　　♣ introduce의 형
　　☎

⑩ pro **duc** e [프러**듀**스]
　　♣ pro—는 /
　　duce는 /

　　두 개 뜻을 모으면,
　　☞
　　☎

pro **duc** tion [프러**덕**션]
　　♣ produce의　형
　　☎

⑪ re **duc** e [리**듀**우스]
　　♣ re—는 /
　　duce는 /

　　두 개 뜻을 모으면,
　　☞
　　☎

re **duc** tion [리**덕**션]
  ♧ reduce의 명사 형
  ☎

12 se **duc** e [시**듀**우스]
  ♧ se-는 /
   duce는 /

  두 개 뜻을 모으면,
  ☞
  ☎

se **duc** tion [시**덕**션]
  ♧ seduce의 형으로
  ☎

① dur able [디유러블]

♣ dur는 / [이어지다–오래가다]
　–able은 / [~하는, 할 수 있는]형용사 어미

두 개 뜻을 모으면,
☞ 이어지고–오래가는 / 계속해서 이어지는
☎ ① 오래 견디는
　　(끊어지지 않고 계속해서 이어지므로)
　② 튼튼한, 질긴
　　(끊어지지 않고 계속해서 이어지므로)

② dur ing [디유링]

♣ dur은 / [이어지다–오래가다]
　–ing은 / [~하는]형용사–명사,어미

두 개 뜻을 모으면,
☞ 이어지는dur 동안ing /이란
　① ~하는 동안 / 이며
　② ~하는 가운데 / 란 뜻이 됩니다

③ en dur e [인듀얼]

♧ en-은 / [〜하다-하게하다], 동사어미
　dure는 / [이어지는]

　두 개 뜻을 모으면,
☞ 이어지게 하다 /계속dur하게 하다-en-로서
☎ ① **계속(지속)하다**
　② **견디다, 참다**
　　(중도에 끝내지 않고 계속하다-에서)

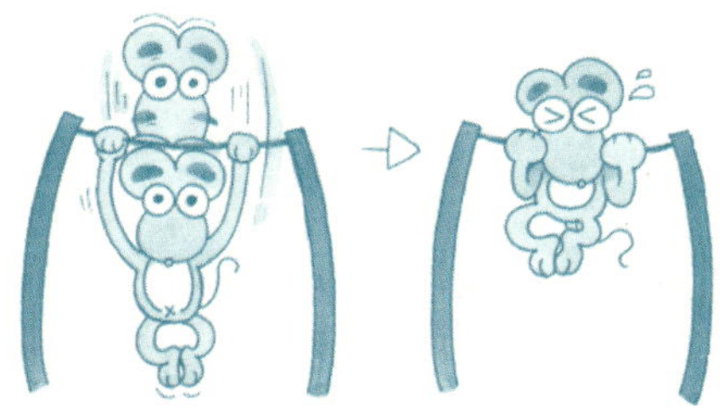

④ en dur ing [인듀어링]

♧ endure은 / 계속(지속)하다
　-ing는 / [〜하는, 〜적인], 형용사어미

　두 개 뜻을 모으면,
☞ 이어지게 하는-계속(dur)하게 하는(-ing)
☎ **영속적인**-뜻이죠

1 **dur** able [디유러블]
      ♣ dur는 /
        –able는 /

       두 개 뜻을 모으면,
      ☞
      ☎ ①
        ②

2 **dur** ing [디유링]
      ♣ dur는 /
        –ing는 /

       두 개 뜻을 모으면,
      ☞
      ☎ ①
        ②

3 en **dur** e [인듀얼]
      ♣ en–은 /
        dure는 /

       두 개 뜻을 모으면,
      ☞
      ☎ ①
        ②

4 en **dur** ing [인듀어링]

♣ endure은 /

-ing는 /

두 개 뜻을 모으면,

☞

☎

1 **eco nomy** [이카너미]

♣ eco-는 / [집]이며
nomy는 / [처리하다-관리하다]

두 개 뜻을 모으면,
☞ [집]을 [관리-처리하다]
집안 살림eco 살이를 / 잘 처리nomy함이란
☎ **경제, 절약** / 이라오
("살림살이를 알뜰하게 잘 한다"는 뜻에서)

2 **eco nom ic** [이카아너믹]

♣ economy는 / [경제-절약]
-ic는 / [~의, ~적인],형용사 어미)

두 개 뜻을 모으면
☞ [절약]의-[경제]적인/ 뜻이 되어서
☎ 풀이 되는 그대로 / **경제의, 경제적인**

1 **eco nom y** [이카너미]

③ **eco nom ist** [이카너미스트]

♣ economy는 / [경제-절약]
-is는 / [행위자]로 [사람]이라

☞ [경제-절약]하는 [사람]
경제 economy 연구 / 하는 사람 ist
☎ **경제학자** 라지요

④ **eco nom ize** [이카너마이즈]

♣ economy는 / [경제-절약]
-ize는 / [~하다],동사접미어

두 개 뜻을 모으면
☞ [경제-절약] ~하다-는 건
경제 economy적으로 / 하다 ize-로서
☎ **경제적으로 쓰다, 절약하다** / 되지요.

1 **eco** nomy [이카너미]
♣ eco-는 /
nomy는 /

두 개 뜻을 모으면,

☞

☎

2 **eco** nom ic [이카아**너**믹]
♣ economy는 /
-ic는 /
두 개 뜻을 모으면

☞

☎

3 **eco** nom ist [이**카**너미스트]
♣ economy는 /
-ist는 /

☞

☎

4 **eco** nom ize [이**카**너마이즈]
♣ economy는 /
-ize는 /

두 개 뜻을 모으면

☞

☎

에고이스트 egoist는 이기주의자!
[자기 자신]만을 위하는 이기주의자!

1 ego ism [에고이즘]

♣ ego는 / [자기]
　−ism은 / [주의]

두 개 뜻을 모으면
☞ [자기]−[주의] / 되어서
☏ **이기주의, 자기중심**

2 ego ist [에고이스트]

♣ ego는 / [자기]
　−ist는 / ～주의자−

두 개 뜻을 모으면
☞ [자기] 주의자
☏ **이기주의자**

3 ego istic [에고이스틱]

♣ egoist는 / 이기주의자
　−ic는 / [～의, ～적인],형,어미

두 개 뜻을 모으면
☞ 이기주의자 egoist 적인 ic / 으로
☏ ① **이기주의적인**
　② **제멋대로 하는**

1 **ego** ism [에고이즘]
♣ ego는 /
　　－ism은 /

　　두 개 뜻을 모으면
　　☞
　　☎

2 **ego** ist [에고이스트]
♣ ego는 /
　　－ist는 /

　　두 개 뜻을 모으면
　　☞
　　☎

3 **ego** istic [에고이스틱]
♣ egoist는 /
　　－ic는 /

　　두 개 뜻을 모으면
　　☞
　　☎ ①
　　　②

1 equ al [이퀄]

♧ equ 는 / [같음–동등]
　–al 은 / [~의, ~하는], 형용사 어미

두 개 뜻을 모으면
☞ [동등]–[하는]으로서
☏ ① 같은, 동등한
　 ② ~와 같다

2 equ al ity [이퀄러티]

♧ equal 은 / [같음–동등]
　–ity 는 / [~함, ~것], 명사 어미

두 개 뜻을 모으면
☞ [동등]함–[동등]한 것
☏ 평등, 평균 / 아닌가!

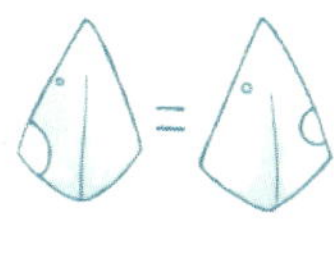

3 equ al ly [이퀄리]

♧ equal 은 / [같음–동등]
　–ly 는 / [~하게], 부사 접미어

두 개 뜻을 모으면
☞ [동등]하게
☏ 평등하게, 동등하게

4 equ i nox [이쿼낙스]

♣ equi는 / [같음—동등]
nox 는 / [night]로서 [밤]의 뜻이라

두 개 뜻을 모으면
☞ 낮과 밤이 동등함은 / 낮과 밤의 길이가
동등함인데—
☎ **춘분, 추분** / 이를 두고 뜻하는 말일세

5 equ i val ent [이쿼버런트]

♣ equ는 / [같음—동등]
val은 / [가치]의 뜻
—ent는 / [~하는], 형용사 어미

두 개 뜻을 모으면
☞ 가치val가 동등equ한ent
☎ (가치가)**동등한**, (동등한)**가치**

6 ad equ ate [에디쿼트]

♣ ad—는 / [to]로서 [~에]의 뜻,
equ는 / [같은]
—ate는 / [~하다], 동사어미

두 개 뜻을 모으면
☞ ~와 같게 하다 /되어서
☎ **충분한, 적절한, 쓸만한**

7 equ ate [이퀘이트]

♣ equ는 / [같은]
–ate는 / [~하다], 동사어미
두 개 뜻을 모으면
☞ 같게 하다 / 되니까
☎ **같게 하다, 같다고 하다**

8 equ i voc al [이퀴버컬]

♣ equi는 / [같은]
voc는 / [소리]의 뜻,
–al는 / [~의], 형용사 어미

세 개 뜻을 모으면
☞ 같은 소리가 나는 / 그래서–애매한
☎ **애매한, 불확실한**

★ equipment의 어원은 [equ]가 아니다.
아이슬란드의 [scip(배) : ship]에서 왔는데 오래 사
용하는 과정에서 "S"자가 떨어져 나가 발음만 남게
되었다.

9 equipment = (e–) + (quip) + (–ment)

ex=out　　　배　　　명사접미어

☞배(quip)에서 밖(e)으로 내보냄.
배안에 실려 있는 일반적인 짐 따위를 밖
으로 내 보내고 장비를 실음–에서
☎ **장비**

1 **equ** al [이퀄]
　　♣ equ는 /
　　　–al은 /

　　　두 개 뜻을 모으면
　　☞
　　☎ ①
　　　②

2 **equ** al ity [이퀄러티]
　　♣ equal은 /
　　　–ity는 /

　　　두 개 뜻을 모으면
　　☞
　　☎

3 **equ** al ly [이퀄리]
　　♣ equal은 /
　　　–ly는 /

　　　두 개 뜻을 모으면
　　☞
　　☎

4 **equ** i nox [이쿼낙스]
　　♣ equi는 /
　　　nox는 /

두 개 뜻을 모으면
☞
☎

5 **equ** i | val | ent [이**퀴**버런트]
♧ equ 는 /
val은 /
-ent는 /

두 개 뜻을 모으면
☞
☎

6 ad **equ** ate [에디**퀴**트]
♧ ad-는 /
equ는 /
-ate는 /

두 개 뜻을 모으면
☞
☎

7 **equ** ate [이**퀘**이트]
♧ equ는 /
-ate는 /
두 개 뜻을 모으면
☞
☎

8 **equ** i | voc | al [이퀴버컬]

♣ equi는 /

voc는 /

-al는 /

세 개 뜻을 모으면

☞

☎

9 **equipment** = (e-) + (quip) + (-ment)

ex=out   배   명사접미어

☞

☎

"(무엇인가)존재ess하고 있음est"
[s = ess = est = -ist = sent]

1 **ess ence** [에센스]

♧ ess는 / [존재]의 뜻
-ence는 / [~함, ~것], 명사어미

두 개 뜻을 모으면
☞ 존재함–있는 것
원래부터 있거나 / 있게 한 것–을
☏ **본질, 요소** / 라 하였습니다

2 **ess ent ial** [이**센**셜]

♧ essence는 / [본질–요소]
-tial는 / [~의,~적인],형용사어미

두 개 뜻을 모으면
☞ 본질essent 의ial
☏ **본질의, 본질적인**

3 **inter est** [인터리스트]

♧ inter-는 / [안에–사이에]
est는 / [있음–존재]

두 개 뜻을 모으면
☞ ~안에(사이에 : inter) 있음est–인데
그것은, 어딘가 무엇에
정신없이 푹 빠져 / 있음을 나타낸 것

☏ ① **흥미, 관심** –당연한 것

② 이익–또한 자기 손에 / 들어와 있음이라
③ 그러니 모든 일에 / 흥미를 일으키다

4 inter est ing [인터리스팅]

♣ interest는 / [흥미–관심]
  –ing는 / [~하는],형용사 어미

두 개 뜻을 모으면
☎ 흥미 있는, 관심 있는 / 말이 되는구려

5 ex ist [이그지스트]

♣ ex–는 / [out] –[밖]의 뜻이고
  ist는 / [be]로서 / 존재의 의미

두 개 뜻을 모으면
☞ 밖ex에 나와 / 있음ist이라
감춰진 것 아니라 / 잘 보이게 밖으로
나와 있으니
☎ 존재하다, 살아있다 / 할 만하지 않은가!

6 ex ist ence [이그지스턴스]

♣ exist는 / [존재하다–살아있다]
  –ence는 / 이것도 명사접미어

두 개 뜻을 모으면
☎ ① 존재, 실재 / 살아있음 / 으로서
  ② 생활(방식) /이라오

7 **ab s ent** [에버선트]

♣ ab-는 / [away]–[멀리]이고
⟨s + ent⟩는 / [있음–존재]

두 개 뜻을 모으면
☞ [멀리] [있음] / 거기에 없음이니
☏ **부재의, 결석한** / 뜻이 되는 것

8 **ab s ence** [에버선스]

♣ absent는 / 부재의–결석한
–ence는 / 명사형으로
☏ **부재, 결석** / **불참**–의 뜻이 될 밖에!

9 **pre s ent** [프레젠트]

♣ pre-는 / [앞]이고
⟨s + ent⟩는 / [있음–존재]

두 개 뜻을 모으면
☞ [앞]에 나와 [있음]이라 / 그러니까
☏ ① **출석한, 참석한** / 뜻이 되면서
② [앞]에 나와 [있음]에서 / **앞에**
내어 놓았으니 / **선물**–이지요.

10 **pre s ence** [프레젠스]
♣ present는 / [출석한–참석한]이고
–ence는 / 명사형으로
☏ **출석, 참석**–이며 / **존재, 있음**–이어라

1 **ess** ence [에센스]
    ♣ ess는 /
      –ence는 /

      두 개 뜻을 모으면
    ☞
    ☎

2 **ess** ent ial [이**센**셜]
    ♣ essence는 /
      –tial는 /

      두 개 뜻을 모으면
    ☞
    ☎

3 inter **est** [**인**터리스트]
    ♣ inter–는 /
    est는 /

    두 개 뜻을 모으면
    ☞

    ☎ ①
      ②
      ③

4 inter **est** ing [**인**터리스팅]
    ♣ interest는 /

-ing는 /

두 개 뜻을 모으면
☎

⑤ ex **ist** [이그지스트]
♧ ex-는 /
ist는 /

두 개 뜻을 모으면
☞
☎

⑥ ex **ist** ence [이그지스턴스]
♧ exist는 /
-ence는 /

두 개 뜻을 모으면
☎

⑦ ab **s** ent [**에버**선트]
♧ ab-는 /
⟨s + ent⟩는 /

두 개 뜻을 모으면
☞
☎

⑧ ab **s** ence [**에버**선스]
♧ absent는 /
-ence는 /

☎ 부재–결석 /

9 pre **s** ent [프레젠트]
    ♣ pre–는 /
      ⟨s + ent⟩는 /

      두 개 뜻을 모으면
    ☞
    ☎ ①
      ②

10 pre **s** ence [프레젠스]
    ♣ present는 /
      –ence는 /
    ☎